대학,
정치를 배우다

대학, 정치를 배우다 1 (큰글씨책)

초판 1쇄 발행 2018년 6월 18일

지은이 정천구
펴낸이 강수걸
편집장 권경옥
펴낸곳 산지니
등록 2005년 2월 7일 제 333-3370000251002005000001호
주소 부산광역시 해운대구 수영강변대로 140 BCC 613호
전화 051-504-7070 | 팩스 051-507-7543
홈페이지 www.sanzinibook.com
전자우편 sanzini@sanzinibook.com
블로그 http://sanzinibook.tistory.com

ISBN   978-89-6545-520-2 04150
       978-89-6545-519-6 (세트)

* 책값은 뒤표지에 있습니다.
* 이 도서의 국립중앙도서관 출판예정도서목록(CIP)은 서지정보유통지원시스템
홈페이지(http://seoji.nl.go.kr)와 국가자료공동목록시스템(http://www.nl.go.kr/
kolisnet)에서 이용하실 수 있습니다.(CIP제어번호: CIP2018017523)

큰글씨책

대학, 정치를 배우다

1권

아름다운 순우리말 번역의

새로운 주석서

정천구

산지니

성리학자들이 『예기』의 한 편에서 독립시켜 경전의 반열에 올린 『대학』은 1700여 자의 한문으로 이루어진, 매우 짧은 고전이다. 따라서 원문의 번역과 간단한 주석 작업만 해서는 단행본으로 내놓기 어렵다. 그러나 유교 정치의 요체를 간략하게 서술한 고전이므로 좀 더 자세하게 풀이할 필요가 있어서 풍부한 역사적 사실들을 끌어와서 사족으로 덧붙였다. 이리하여 단행본으로 내놓을 만한 분량이 되었다.

2016년 10월 초에 『대학』의 번역과 풀이 작업에 들어갔다. 이 작업을 하는 동안에 최순실의 국정 관여 문제가 더욱 불거지고 마침내 '박근혜 게이트'로 확대되었다. 그리고 '박근혜 퇴진'을 외치는 시민들의 촛불 시위가 본격적으로 전개되고 이어졌다. 마침내 12월 9일, 국회에서 대통령 탄핵안이 가결될 즈음에 나의 『대학』 주석서도 탈고되었다. 두어 달이 걸린 셈이다.

묘한 느낌이 일었다. 이미 2015년 3월부터 8월까지 국제신문을 통해 '한비자 21세기 제국을 말하다'(2016년에 『한비자 제국을 말하다』로 출판되었다)라는 기획물을 연재하면서 박근혜 대통령과 그 정부의 행태에 대해 조목조목 비판하는 글을 매주 썼던 터에 또 유교의 정치 교과서인 『대학』 주석서를 쓰는 동안에 탄핵이 결정되었다니 말이다. 통치의 원칙과 기본을 몰랐고 헌정 질서를 문란케 했으니, '박근혜 게이트'는 그야말로 무지와 무능의 절묘한 조화가 빚어낸 사태였다.

동아시아에서는 거의 3천 년 동안 당대의 정치를 위해 역사를 거울로 삼아 왔다. 군주들마다 툭 하면 옛 성왕들을 거론하며 통치를 운운했고, 지식인이라면 누구나 역사를 끌어대며 논쟁을 벌이고 또 군주에게 간언했다. 역사 속에 당대의 정치가 투영되어 있다고 여겼기 때문이다. 그럼에도 얼마나 많은 통치자들이 비슷한 과오를 거듭 저질렀는지, 얼마나 많은 지식인들과 정치인들이 그릇된 행태를 되풀이해 왔는지. 인간의 망각과 우둔함에 혀를 내두르지 않을 수 없다. 이 망각과 우둔함은 오늘날에도 여전해서 이 나라에서뿐만 아니라 전 세계 곳곳에서 끊임없이 목격되고 있다.

왜 21세기 지금에 굳이 2천 년 전의『대학』을 장황하게 풀이하고 출판하느냐고 묻는 이가 있다면, 대한민국의 최근 10년 정치를 돌아보라는 말로도 충분히 대답이 되리라 생각한다. 물론『대학』은 2천 년 전에 쓰였다. 그때는 군주가 통치하던 시대였다. 이제는 시민 또는 국민이 주권자인 민주주의 시대다. 군주정과 민주정이 전혀 다른 제도임은 분명하다. 그렇지만 정치가 한 나라의 구성원 모두를 잘 살게 해주는 행위여야 한다는 점에서는 전혀 다르지 않다. 더구나 이제는 정치가들뿐만 아니라 시민들도 정치에 적극적으로 관심을 갖고 또 감시의 눈길을 주어야 한다. 그렇게 하지 않으면 또 다른 게이트가 음지에서 싹을 틔운다. 이런 점들을 분명히 하기 위해서 길게 글을 썼다.

물론『대학』주석서를 내는 데에는 사사로운 동기도 작용했다. 2009년에 어쩌다『논어, 그 일상의 정치』를 내놓고 그것으로 끝날 줄 알았다가 시민강좌를 위한 교재로 쓰기 위해『중용, 어울림의 길』을 2013년에,『맹자, 시대를 찌르다』를 2014년에 잇달아 내놓았다. 그렇게 하는 바람에 사서(四書)의 마지막

한 권도 내버려둘 수 없었다. 굳이 구색을 갖추려는 의식이 작용한 셈이다. 성리학적 해석의 틀에서 벗어난 번역과 주석이 필요하다는 일관된 의식과 사명감도 작용했다.

사실, 이 책은 1년 전에 나올 수 있었다. 2016년 연말에 친분이 있던 조봉권 기자(국제신문 문화부장)의 전화가 없었더라면. 신문에 날마다 연재되는 '한자 코너'가 있는데, 그 필자가 올해(2016년)까지만 하고 붓을 놓겠다고 해서 다른 필자를 물색해 달라는 전화가 온 것이다. 기실은 내가 맡아서 해주었으면 하는 것이 속셈인 듯했다.

그러나 한 주일에 엿새 동안 날마다 원고지 5-6매 분량의 글을 쓰는 일은 고수라 해도 버거운 일이다. 다른 누구에게 부탁하기도 어렵고 또 부탁할 사람도 딱히 없었다. 그렇다고 내가 맡기도 부담스러웠다. 그때 문득 막 작업을 끝낸 『대학』 주석서를 연재해 보면 어떨까 하는 생각이 들었다. 그래서 "내가 할까 하는데, 이미 다 쓴 원고로 코너를 진행해도 되느냐?"고 물었더니, 기꺼이 받아들여주었다.

2017년 1월 1일자 신문부터 '대학에서 정치를 배우다'라는 제목으로 날마다 토막글이 연재되었다. 그리고 2018년 1월 2일, 305회로 끝났다. 이미 완성된 원고를 가지고 연재한 것이지만, 하나의 고전 텍스트를 주석하고 풀이하는 내용을 신문에 연재한 경우는 없었던 것으로 안다. 그것도 날마다. 조 기자도 나 자신도 그 점에 의의를 부여하며 잘 마무리된 것을 은근히 기뻐했다.

연재가 끝나고 한 달가량 다시 글의 차례와 전체 내용을 검토하고 손질을 하면서 부록으로 『예기』의 한 편인 「학기(學記)」와 『순자』의 「해폐(解蔽)」를 덧붙였다. 이 둘은 『대학』의 내용을 보완해주는 글들로서 함께 읽어두면 유익하리라 생각했다. 이렇게 마무리해서 '대학, 정치를 배우다'는 제목을 달았다.

끝으로 이 원고를 꼼꼼하게 읽고 오자와 탈자, 어색한 문장 등을 지적해준 박이현, 김태균, 이치훈에게 고마움을 표한다. 그리고 이 원고를 책으로 탈바꿈해주느라 애써주신 산지니 식구들께도 감사드린다.

2018년 2월 4일 입춘을 보내며
금정산 기슭에서 정천구 쓰다

차례

『대학』, 유교 정치학의 교과서

　고전으로서『대학(大學)』은 사서(四書)라는 명칭과 관련이 깊다. 사서는『논어(論語)』,『맹자(孟子)』,『중용(中庸)』,『대학』을 가리키는 말이다. 이 넷은 유학이 사상적으로 한 차례 대대적인 혁신을 꾀하여 이른바 성리학(性理學), 주자학(朱子學), 이학(理學), 도학(道學) 따위로 일컬어지는 신유학(新儒學)으로 거듭나면서 유교의 핵심 경전이 되었다. 시기적으로는 대략 남송(南宋, 1127~1279) 시대로 볼 수 있다. 주자학이라는 명칭에서도 짐작할 수 있듯이 특히 주희(朱熹, 1130~1200)가 사서에 주석을 단 사서집주(四書集註)를 낸 것이 결정적이었다.

　주희는「독대학법(讀大學法)」이라는 글에서 이렇게 말했다.

『논어』와 『맹자』는 일에 따라서 묻고 답하였으므로 그 요령을 엿보기 어려운데, 오직 『대학』은 공자께서 옛 사람들이 학문하던 큰 방법에 대해 말씀하신 것을 증자가 적고 또 그 문인들이 이어서 그 뜻을 밝혀 적은 것이다. 그리하여 앞뒤가 서로 말미암아 전체의 계통이 다 갖추어져 있으니, 이 책을 곱씹어서 맛보면 옛 사람이 학문을 하며 지향했던 바를 알 수 있다. 그런 뒤에 『논어』와 『맹자』를 읽으면 들어가기가 수월하니, 나중에 공부하는 것이 아무리 많더라도 그 대체는 이미 서 있게 된다.
(語孟隨事問答, 難見要領, 惟大學是曾子述孔子說古人爲學之大方, 而門人又傳述以明其旨. 前後相因, 體統都具, 玩味此書, 知得古人爲學所向. 却讀語孟, 便易入, 後面工夫雖多, 而大體已立矣.)

　흔히 사서를 공부할 때 가장 먼저 『대학』을 읽고 그다음에 『논어』와 『맹자』, 『중용』의 순서로 읽어야 한다고 말하는데, 그것은 주희가 강조한 데 따른 것이다. 그로부터 『대학』은 유교 경전의 입문서로 또 개론서로 간주되었다. 그런데 『대학』은 본래 '예법에 관한 포괄적인 기록'인 『예기(禮記)』 마흔아홉 편 가운데 한 편이었다. 이를 신유학자들이 독립시켜서 따로 경전의 반열에 올려놓으며 중시했던 것이다.

그런데 신유학자들은 『예기』에 있던 글을 그대로 두지 않았다. 북송(北宋, 960~1127) 시대의 정명도(程明道, 1032~1085)와 정이천(程伊川, 1033~1107) 형제가 『예기』의 원문은 차례가 잘못되었고 잘못된 글자도 있다고 하여 재편집해서 개정본을 내놓았다. 두 형제의 학문을 사숙(私淑)하여 그 사상을 이어받은 주희가 다시 개정하여 내놓은 것이 바로 『대학장구(大學章句)』이며, 오늘날 널리 읽히는 『대학』은 곧 이 『대학장구』다. 이리하여 본래 『예기』에 있던 '대학'은 따로 『고본대학(古本大學)』이라 불린다.

삼례(三禮)와 『예기』

늘그막에 공자는 "너무나 내가 약해졌구나! 꿈에 주공을 다시 뵙지 못한 게 이리도 오래되었으니!"(甚矣, 吾衰也! 久矣, 吾不復夢見周公!)라고 탄식했다. 공자가 얼마나 주공(周公)을 그리워하며 본받으려 했는지 잘 드러나 있다. 주공은 상(商) 왕조를 무너뜨리고 주(周, 기원전 1145~기원전 256) 왕조를 일으킨 무왕(武王)의 아우로서, 바뀐 왕조의 토대가 될 문물과 제도를 정비한 인물로 알려져 있다. 공자가 강조한 인(仁)과 예악(禮樂)도 주공에서 비롯되었다고 한다. 비록 공자 스스로 "이어서 전하되 짓지 않았다"는 '술이부작(述而不作)'을 강조하기는 했으나, 공자가 시대에 맞게 재해석하고 새로운 의미를 덧붙임으로써 그 함의가 사뭇 달라졌다고 보는 것이 타당하다.

공자가 주 왕조의 예악을 중시하자 후대의 유자들도 대개 이를 따랐다. 순자(荀子)가 「예론(禮論)」과 「악론(樂論)」을 지은 이유도 유가 정치의 고갱이가 예악에 있다는 판단 때문이었다. 순자를 거쳐 마침내 한대(漢代)에 이르자 주나라의 문물과 제도, 특히 예악에 대한 광범위한 기록과 편집이 시도되었다. 현재 전해지고 있는 것으로는 『주례(周禮)』와 『의례(儀禮)』, 『예기(禮記)』가 있다. 이 셋을 흔히 '삼례(三禮)'라 부른다.

『주례』는 주 왕조의 관료 제도에 대한 기록인

데, 절반쯤은 문헌을 바탕으로 하였고 절반쯤은 상상으로 빚어낸 것이었다. 단순히 예법에 대한 책이 아니라, 법률이나 법제(法制)에 관한 책이다. 『의례』는 사(士) 계층에서 실행되었던 갖가지 의례, 가령 관례(冠禮)나 혼례(婚禮), 상례(喪禮), 제례(祭禮), 상복(喪服)의 규정, 향음주례(鄕飮酒禮) 따위를 자세하게 기록한 책이다. 대략 춘추시대(春秋時代, 기원전 770~403)부터 전국시대(戰國時代, 기원전 403~221)를 거쳐 한대(漢代, 기원전 202~기원후 220)에 이르기까지 행해진 의례라고 볼 수 있으며, 당시의 풍속과 종교, 윤리 등을 두루 알 수 있는 자료다.

『예기』는 제도나 예법뿐만 아니라 그런 것들에 대한 견해나 이론도 꽤 기술하고 있어서 철학적인 내용이 훨씬 풍부하다. 이『예기』의 제31편이 역시 성리학에서 중시하게 된『중용(中庸)』이며, 제42편이 바로『대학』이다.『중용』이 인간과 만물의 근본 원리를 간략하게 서술한 것이라면,『대학』은 유가의 정치란 무엇인지를 간결하게 총괄한 글이다.

수신(修身)이 아닌 치국(治國)의 교과서

주희는 '대학(大學)'을 "대인(大人)의 학문(學問)"으로 풀이한다. 대학이 대인의 학문이라면, 소인(小人)의 학문도 있을 법하다. 물론 여기서 소인은 흔히 말하는 소인배의 소인이 아니라 어린 사람을 뜻한다. 어린 사람을 위한 학문으로는 소학(小學)이 있다. 『소학(小學)』이라는 책도 있다. 그런데 『소학』은 『예기』가 편찬될 때 있었던 책이 아니다. 주희가 지시하여 그 제자 유자징(劉子澄)이 편찬한 책이다.

『소학』은 유교의 기본적이고 필수적인 도덕규범을 아동들에게 가르치기 위해 갖가지 경전(經典)과 서책(書冊) 들에서 긴요한 내용들을 가려 뽑아 완성한 것이다. 흔히 소학의 공부를 간단하게 '쇄소응대(灑掃應對)'라고 하는데, 쇄는 물 뿌리는 일을, 소는 마당 쓰는 일을, 응대는 손님을 맞이하거나 어른이 부를 때 대답하는 것을 뜻한다. 이는 어린 사람이 어른이 되어 생활할 때 반드시 필요한 기본적인 예법들을 익히는 과정이다.

이렇게 신유학이 등장한 뒤에는 유자의 길을

가려는 이라면 반드시 먼저 『소학』을 익히고 그 다음에 『대학』을 읽어야 했다. 문제는 본래의 『대학』이 아니라 주희가 개정한 『대학장구(大學章句)』를 읽으며 주희의 해석을 주로 따랐다는 사실이다. 성리학적 이념이 공고해진 조선후기에는 주희의 해석에 의문을 제기하거나 주희와 다른 해석을 가하면, 이른바 '사문난적(斯文亂賊)'으로 내몰렸다. 이는 학문과 사상에서 전제(專制)와 횡포(橫暴)를 일삼은 것인데, 이것이 결국 창조적인 사유를 가로막아 정치·사회·경제·문화·군사 각 방면에서 정체(停滯)가 일어난 이유였다. 또 성리학적 관점에서는 『대학』을 주로 수신(修身)의 차원에서 이해하고 그치는데, 이는 『대학』 본래의 의의에서 벗어난 것이다.

『대학』은 본디 치국(治國)의 요체를 다룬 글이다. 후한(後漢) 때의 정현(鄭玄, 127~200)은 『대학』을 "넓게 배워 정치를 하는 데 활용하는 바탕"으로 생각했다. '대학(大學)'의 뜻을 소박하게 말하면, "큰 배움 또는 크게 배운다"가 된다. 달리 말하면, "큰일을 위한 학문 또는 큰일을 배운다"로 풀이할 수 있는데, 이때 큰일이란 바로 통치 또는 정치다. 나라를 다스리며 백성을 교화하는 일이 유가에서는 가장 중요하고 큰일이었다. 바로 그런 큰일을 하기 위해서 갖추어야 할 덕목이나 능력이 무엇이며, 어떻게 배울 것인가에 대해 간결하게 적고 있는 책이『대학』이라는 말이다.

육가(陸賈)와 고조(高祖)

육가(陸賈, 기원전 240?~170?)는 한고조(漢高祖) 유방(劉邦, 기원전 247?~195) 앞에 나아가 말할 때면 늘『시경(詩經)』과『상서(尙書)』를 들먹였다. 그러자 짜증이 난 고조가 꾸짖듯이 말했다.

"나는 말 위에서 천하를 얻었는데, 어찌『시경』이나『상서』따위를 섬기겠소!"

그러자 육가가 이렇게 대답했다.

"말 위에서 천하를 얻기는 했으나, 어찌 말 위에서 천하를 다스릴 수 있겠습니까? 저 상(商) 왕조를 일으킨 탕왕(湯王)과 주(周) 왕조를 일으킨 무왕(武王)은 무력으로 천하를 얻었으나 이치를 따라 천하를 지켰습니다. 문무(文武)를 아울러 쓰는 것이 나라를 길이 보존할 수 있는 방법입니다. 옛날 오(吳)나라 왕 부차(夫差)와 진(晉)나라의 지백(智伯)은 무력만 지나치게 쓰다가 망했고, 진(秦) 제국은 형법만을 쓰고 변통(變通)하지 않은 탓에 결국 멸망했습니다. 만일 진 제국이 천하를 아우른 뒤에 인의(仁義)를 실행하고 옛 성인들을 본받았다면, 폐하께서 어찌 천하를 차지할 수 있었겠습니까?"

고조는 언짢게 여기면서도 부끄러움도 느끼며 육가에게 말했다.

"나를 위해 진 제국이 천하를 잃게 된 까닭과 내가 천하를 얻게 된 까닭이 무엇인지, 또 옛 나라들이 정치에서 성공하거나 실패한 까닭이 무엇인지 글을 지어 주시오."

이에 육가는 국가 존망의 징후에 대해 거칠게나마 서술하여 모두 열두 편을 지었다. 그가 한 편씩 올릴 때마다 고조가 훌륭하다고 칭찬하지 않은 적이 없었고, 좌우 신하들도 만세를 불렀다. 그 책을 『신어(新語)』라 한다. 육가의 이 책은 지금도 전하고 있다.

위 이야기는 『사기(史記)』「역생육가열전(酈生陸
賈列傳)」에 나온다. 육가는 한나라 초기의 정치가
이자 사상가다. 그가 한 말인 "말 위에서 천하를
얻기는 했으나, 어찌 말 위에서 천하를 다스릴 수
있겠습니까?"(居馬上得之, 寧可以馬上治之乎?)는 후
대에 "말 위에서 천하를 얻을 수 있으나, 말 위에
서 천하를 다스릴 수는 없다"는 말로 널리 회자되
었다.

흔히 "창업(創業)보다 수성(守成)이 어렵다"고 하
는데, 이는 창업은 한때의 책략만으로 가능하나
수성은 장구한 계책을 필요로 하기 때문이리라.
육가는 이를 잘 꿰뚫고 있었다. 그래서 한 고조에
게 무력과 책략으로써 천하를 차지할 수는 있어
도 거대한 제국의 질서를 유지하고 지속시켜 나
가기 위해서는 제국에 걸맞은 정치 철학과 제도,
방략이 필요하다고 역설했던 것이다.

이제 한국을 보라. 오로지 경제성장을 지향하면
서 간과해서는 안 될 부정과 모순, 부조리, 불평등
과 차별 따위를 애써 외면해온 탓에 경제뿐만 아
니라 정치와 외교, 군사, 문화, 교육 각 방면에서
갖가지 심각한 문제들이 불거져 나오고 있지 않

은가. 오랫동안 쌓이고 쌓여서 쉽사리 해결할 수 없는 거대한 적폐(積弊)가 되어 있지 않은가. 2016년 하반기에 온 나라를 들쑤신 '박근혜 게이트'는 그 축도(縮圖)라 할 만하다. 육가의 말투를 빌려 말하자면 이렇다.

"경제로써 나라를 일으켰으나, 경제만으로는 지속적으로 융성하기 어렵다!"

이제 참으로 민주주의에 입각한 정치가 무엇인지를 심각하게 고민하고 심도 있게 논의해야 한다.

가의(賈誼)와 개혁(改革)

앞서 육가는 "진(秦) 제국은 형법만을 쓰고 변통하지 않은 탓에 결국 멸망했다"고 말했다. 진 제국은 중국 최초로 천하를 일통(一統)하여 거대하고 강력한 중앙집권 국가를 이루었으나 불과 15년 만에 무너졌다. 육가가 보기에는 법가의 통치술로 천하를 일통할 수는 있었으나 그 천하를 이어갈 수는 없었던 것이다. 말하자면 새로운 제국에 걸맞은 통치 이념과 질서, 제도를 다시 마련해야 했음에도 그렇게 하지 못했다는 말이다. 그런데 그게 어디 쉬운 일인가? 진 제국을 이은 한(漢) 제국도 처지는 마찬가지였다.

항우(項羽)의 강력한 군대에 밀려 수세에 몰렸던 유방은 해하(垓下)의 전투에서 승리를 거둠으로써 단번에 천하를 차지했다. 기원전 202년의 일로, 진 제국 몰락으로부터 불과 5년이 지났을 뿐이다. 그러니 다시금 천하가 통일되었다고 해도 쉽게 안정을 찾기는 어려웠다. 실제로 고조 유방이 통치할 때도 곳곳의 제후왕(諸侯王)들이 모반(謀叛)하고 또 북방의 흉노가 남하하여 불안과 위기가 지속되었다.

고조 사후에는 여태후(呂太后)가 권력을 잡고 여씨(呂氏) 일족들이 전횡을 일삼는 바람에 위기가 더욱 고조되었다. 이윽고 여태후가 죽자 태위(太尉) 주발(周勃)과 승상(丞相) 진평(陳平) 등이 여씨 일족을 제압하고 대왕(代王)으로 있던 고조의 넷째 아들 유항(劉恒)을 맞아들여 옹립했다. 그가 문제(文帝, 기원전 180~157 재위)다. 문제가 즉위하면서 비로소 제국의 기틀이 다져져서 안정적으로 통치할 수 있는 계기가 마련되었다.

문제는 제국에 걸맞은 새로운 정치 제도를 마련하고 사회의 기강을 확립해야 하는 난제를 떠맡았다. 이를 정치적 기반이 취약한 상태에서 대신들과 제후왕들의 눈치를 보면서 실행해야 했으므로 여간 어려운 일이 아니었다. 따라서 경륜과 행정 능력을 갖춘 인재가 절실하게 요구되었는데, 그때 두각을 나타낸 이가 가의(賈誼, 기원전 200~168)다.

가의는 유가사상을 토대로 개혁적인 정책을 개진했다. 법령을 간략하게 하고 형벌을 줄여야 하며, 중농억상(重農抑商) 정책을 통해 사회의 안정과 부를 축적해야 하며, 장안에 거주하면서 권세를 부리던 제후들을 각자의 봉지(封地)로 돌아가게 하여 제후들의 세력을 약화시켜야 하며, 흉노를 무력화시키기 위해서는 여러 가지 방책을 써야 한다는 등 개혁안을 내놓았다. 그러나 주발 등 대신들이 "나이도 어리고 학문도 얕은데, 권력을 독점해서 정치를 어지럽히려 한다"며 강력하게 반대했고, 문제도 이를 무시하지 못해 결국 가의를 멀리해야 했다. 그럼에도 문제는 가의의 개혁안을 완급을 조절하며 적절하게 실행하여 통치의 기반을 다지고 대내외적으로 안정된 정치를 펼칠 수 있었다.

가의의 사상과 정책에 대해서는 그의 글들을 모아 놓은 『신서(新書)』를 통해 알 수 있다. 『신서』를 보면, 물자 비축과 화폐 주조에 관한 문제나 풍속을 바로잡는 일, 제후와 흉노의 문제 등 당시의 주요한 문제들부터 정치와 학문, 예법 따위에 이르기까지 다루지 않은 게 거의 없다. 가의의 사상은 간단히 말해 인의(仁義)와 예악을 바탕으로 법가(法家)의 통치술을 아우른 것이었다. 그 사상은 육가의 사상과 더불어 한 제국이 유교국가가 되는 데 크게 기여했다. 이는 『대학』을 이해하는 데 중요한 실마리가 되는 사실이기도 하다.

무제(武帝)와 태학(太學)

한 제국을 안정시킨 문제는 학문하는 선비들을 등용하기는 했으나, 그리 적극적이지는 않았다. 이어 제위에 오른 경제(景帝, 기원전 157~141 재위)는 강성해진 제후들을 굴복시켜야 하는 입장에 있었으므로 인의의 정치를 펼 겨를이 없었다.

경제는 즉위 3년째에 일어난 '오초칠국(吳楚七國)의 난'을 제압하기 위해 자신이 아끼던 어사대부 조조(鼌錯)를 서슴없이 희생시킬 정도로 냉철하고 냉혹한 군주였다. 한마디로 법가적 군주의 성향이 강한 황제였다.

이윽고 경제를 이어 즉위한 무제(武帝, 기원전 141~87 재위)가 유학(儒學)에 관심을 가지고 유학에 밝은 선비들을 대거 기용했다. 이때 중용(重用)되어 유학이 정치 이념으로 자리 잡을 수 있게 한 인물이 공손홍(公孫弘, 기원전 200~121)과 동중서(董仲舒, 기원전 176~104)다. 특히 동중서는 "다른 모든 학파를 물리치고 오로지 유학을 높인다"는 '파출백가, 독존유술(罷黜百家, 獨尊儒術)'의 정책을 강력하게 주장한 인물이다. 동중서를 통해 유학은 국가의 이데올로기가 되고 나아가 제도로 정착되기에 이르렀다.

『한서(漢書)』의 「동중서전」에 "태학을 세워 도성 안에서 가르침을 펴고, 상서를 만들어 고을에서 교화를 편다"(立大學以教於國, 設庠序以化於邑)는 구절이 나온다. 무제는 『시경』·『상서』·『예기』·『주역』·『춘추』의 오경(五經)을 중시하여 각각에 박사(博士)와 박사제자(博士弟子)를 두었으며, 이와 더불어 관리 양성을 위해 태학(太學)을 설립했다. 이는 공손홍과 동중서의 건의에 따른 것이었다.

태학은 관리 양성을 위한 국립대학으로, 교육과 정치가 어우러지는 곳이다. 이는 학문이 실제로 정치를 통해 세상에 쓰이는 것임을 의미하며,『대학』이 지향하는 바이기도 하다. 大學(대학)이 본래 학문이면서 교육기관을 나타내는 말이었고, 교육기관을 가리킬 때는 '태학'으로 읽혔다는 사실에서도 확인된다.

오늘날 대학도 사회에 쓸모 있는 인재, 각 분야에서 자신의 능력을 발휘할 수 있는 인재를 양성한다고 표방하고 있으므로 태학과 유사한 면이 어느 정도 있다. 그런 점에서 역사적 연속성이 있다고 해야 할 것이나, 실상은 그렇지 못하다. 안타깝게도 지금의 대학을 보면, 폐쇄된 이익 집단으로 전락했다는 느낌을 지울 수 없다.

한국의 대학을 보라. 그곳에서 이루어지는 연구와 강의의 수준이 과연 '대학'이라 불릴 만한가? 대학의 학문이 이 사회에 과연 얼마나 쓸모 있는가? 과연 큰 학문이 이루어져 미래를 책임질 동량

지재(棟梁之材)를 배출하고 있는가? 대학 진학률이 세계 1위라고 하는데, 사회 곳곳에 이토록 몰상식(沒常識)과 비정상(非正常)이 만연한 까닭은 무엇인가? 학문과 인생의 스승은 드물고 제 밥그릇만 챙기는 교수들이 득시글거리니, 자잘하게 학점에만 매여서 깊은 성찰은 없이 오로지 취직만 고민하는 젊은이들로 가득해서가 아닐까? 지금 21세기에 『대학』을 주목하고 깊이 음미해야 하는 까닭이 여기에도 있다.

『대학』에 바탕을 둔 세종의 정치

『대학』은 유교의 정치 교과서다. 흔히 그 요체를 삼강령(三綱領)과 팔조목(八條目)으로 정리한다. 삼강령은 『대학』의 첫머리에 나오는 "큰 배움의 길은 밝은 덕을 밝히는 데 있고, 백성을 가까이하는 데 있으며, 지극히 좋은 것에 머무는 데 있다"(大學之道, 在明明德, 在親民, 在止於至善)에서 '명명덕'과 '친민'과 '지어지선' 셋을 가리킨다. 『대학』의 나머지는 모두 이 세 강령에 대한 해설이라고 보아도 큰 무리는 없다.

　팔조목이란 널리 알려져 있는 수신(修身)·제가
(齊家)·치국(治國)·평천하(平天下)의 네 조목에 격
물(格物)·치지(致知)·성의(誠意)·정심(正心) 넷을
더한 것이다. 흔히 정치라 하면 치국과 평천하를
생각할 텐데, 이는 정치를 포괄적으로 말했을 때
다. 정치의 시작이나 토대로 말하자면 수신과 제
가를 빼놓을 수 없다. 수신의 신(身)과 제가의 가
(家)는 정치의 대상일 수도 있지만 그보다는 정치
의 주체로서 의의가 특히 크다. 이에 견주면 치국
과 평천하는 정치의 대상과 외연에 대해 말한 것
이라 할 수 있다.

　정치나 통치에서 흔히 간과하는 것이 바로 주체
의 문제인데, 그 점에서 『대학』은 정치 주체가 어
떻게 해야 하는지를 아주 분명하게 제시하고 있
다. 정치는 공공의 선을 지향하는 것인데, 만약 정
치 주체가 행실이 그릇되고 마음도 바르지 않다면
그가 실행하는 정치가 과연 정치일 수 있을까? 이
에 대해서는 우리가 과거의 역사를 통해서뿐만 아
니라 현대사에서, 심지어 최근 10여 년 동안에 더
욱 확실하게 또 강렬하게 경험한 일이 아닌가?

　이렇게 『대학』이 수신과 제가를 중시하고 나아

가 세부 항목으로 격물과 치지, 성의, 정심을 자세하게 논한 것은 정치나 통치의 주체야말로 그 성패의 관건이 된다는 인식에서 비롯된 것으로, 이는 오늘날의 민주주의 정치에서도 여전히 유효할 뿐 아니라 오히려 더욱더 긴요하다. 왜냐하면 모든 시민 또는 국민이 바로 정치의 주체이기 때문이다. 『대학』이 정치의 주체 문제를 심도 있게 다룬 것은 그만큼 이것이 쉽사리 간과되기 때문이리라.

정치의 주체는 어떤 사람이어야 하며 또 어떻게 해야 하는지를 누구보다 잘 알고 있었던 이가 세종(世宗)이다. 세종은 자신이 펼칠 정치의 시작을 이 『대학』에서 찾았던 군주다.

세종 즉위년(1418) 10월 7일의 실록을 보면 이렇다.

처음으로 경연을 열고 영경연사 박은·이원, 지경연사 유관·변계량, 동지경연사 이지강, 참찬관 하연·김익정·이수·윤회, 시강관 정초·유영, 시독관 성개, 검토관 김자, 부검토관 권도 들이 『대학연의(大學衍義)』를 강론했다. 임금이 말했다.

"과거를 설치하여 선비를 뽑는 것은 참다운 인재를 얻으려 함인데, 어떻게 하면 선비들이 실속 없이 겉만 화려하게 하는 습관을 없애게 할 수 있겠소?"

변계량과 이지강 등이 대답하여 아뢰었다.

"초장에서는 의(疑, 경전에서 의심스런 곳을 논술하고 풀이하는 것)와 의(義, 경전의 의의를 해설하는 것)로 경학의 수준을 살펴보고, 종장에서는 대책(對策, 어떤 사건을 어떻게 처리할 것인지 방책을 논구하는 것)으로 그 사람의 알맞은 쓰임새를 살펴보는 것이 처음에 법을 세운 뜻입니다. 요즘 학생들이 실학에 힘쓰지 않으므로 초장에 강경(講經, 과거에서 경서 가운데 어느 구절을 지정하여 등을 돌린 채 외우고 강의하듯이 풀이하는 것)을 하도록 법을 고쳤습니다. 이로 말미암아 영민하고 날카로워 쓸 만한 인재가 모두 무과로 달려갔습니다."

임금이 말했다.

"강경은 가장 어려운 일이어서 지금 비록 변삼재(변계량)를 시켜 강론하게 한들 어찌 다 꿰뚫을 수 있겠느냐?"

이에 영경연사 외에 동지경연사 이상은 하루에 한 사람씩 진강(進講)하고, 시독관 이하는 세 번으로 나누어 진강하며, 참찬관 김익정·이수·윤회 또한 하루에 한 사람씩 진강하라고 명을 내렸다.

(始開經筵, 領經筵事朴訔·李原, 知經筵事柳觀·卞季良, 同知經筵事李之剛, 參贊官河演·金益精·李隨·尹淮, 侍講官鄭招·柳穎, 侍讀官成槪, 檢討官金赭, 副檢討官權蹈等 進講大學衍義, 上曰: "設科取士, 欲得實才, 何以則令士去浮華之習?" 季良·之剛等對曰: "初場以疑義觀經學, 終場以對策觀適用, 此初立法之意也. 近學生不務實學, 改立初場講經之法. 由此, 英銳可用之材, 皆趨武科." 上曰: "講經最爲難事, 今雖使卞三宰講論, 安能盡通乎?" 仍命領經筵外同知經筵以上, 一日一員進講, 侍讀官以下, 分三番進講, 參贊官金益精·李隨·尹淮亦一日一員進講. ─『世宗實錄 1년』)

세종은 즉위한 지 꼭 두 달 만에 경연을 열었는데, 경연은 왕이 군주로서 덕성을 함양하고 통치능력을 갖추기 위해서 현명하고 경륜이 많거나 학식이 풍부한 신하들과 경서(經書)를 강론하면서 정책을 토론하는 제도다. 그런데 세종은 그 첫 번째로 『대학연의』를 선택했다. 『대학연의』는 송나라 때 진덕수(眞德秀, 1178~1235)가 편찬한 책으로, 『대학』의 체제를 빌려서 역사적 사례들을 풍부하게 덧붙여 대폭 보완하고 새롭게 정리한 정치 교과서다.

이『대학연의』의 특색은 공부의 주체를 군주로 설정했다는 점이다. 과거의 역사를 볼 때 군주가 어떤 인물이며 그가 어떻게 했는가에 따라 나라의 흥망성쇠가 결정되었으며, 또 어떤 인재들을 발탁해서 썼느냐에 따라 정치의 성패가 좌우되었다는 데 따른 것이다. 이는 『대학』의 본령을 꿰뚫어본 것이다. 세종 또한 군주로서 『대학연의』의 주장을 기꺼이 받아들인 셈이다.

세종이 이 책을 고른 것은 위의 말에서도 드러난다. 훌륭한 인재들이 발탁되어 나라를 경영하는 데 긴요하게 쓰여야 통치가 이루어지는데, 당시의 과거제를 통해서는 그런 인재를 얻지 못한다는 인식을 하고 있었다. 말하자면, 과거가 경전의 뜻을 얼마나 깊이 알고 있으며 그것이 세상에 어떻게 쓰일 것인지를 살피지 않고, 경전 구문을 얼마나 잘 외우는가를 시험하는 데서 그쳤다는 뜻이다. 그런 과거로는 결코 유능하고 현명한 인재를 얻기 어려운 것이 사실이다.

세종은 즉위 교서에서 '시인발정(施仁發政)' 곧 "어짊을 베풀어 정치를 실행할" 것을 강조했다. 『대학연의』에도 맹자와 제선왕의 대화가 거론되는데, 바로 '여민동락(與民同樂)' 곧 "백성과 더불어 같이 즐거워한다"는 것이다. 세종 또한 백성의 삶을 편안하고 윤택하게 해주려는 뜻이 강했던 군주다. 이를 위해서는 마땅히 인재를 얻어야 하고, 군주 자신이나 신하들 모두 정치의 근간이나 요체에 대해 깊이 이해하고 있어야 한다. 세종이 『대학연의』를 경연의 첫 교재로 선택한 이유다.

대학을 어떻게 읽을 것인가

『대학연의』로 경연을 시작한 지 닷새째인 10월 12일의 일이다.

경연에 나아갔다. 동지경연 이지강이 『대학연

의』를 진강하고는 아뢰었다.

"임금의 학문은 마음을 바르게 하는 것이 근본이니, 마음을 바르게 한 뒤에야 백관이 바르게 되고, 백관이 바르게 된 뒤에야 만 백성이 바르게 됩니다. 마음을 바르게 하는 요체는 오로지 이 책에 있습니다."

임금이 말했다.

"그렇소. 경서를 글귀로만 읽는 것은 학문에 아무런 보탬이 없으니, 반드시 마음으로 하는 공부라야 보탬이 있소."

(同知經筵李之剛進講大學衍義, 且啓曰: "人君學問, 正心爲本, 心正然後, 百官正, 百官正然後, 萬民正. 正心之要, 專在此書." 上曰: "然. 句讀經書, 無益於學, 必有心上功夫, 乃有益矣." ―『世宗實錄』)

세종은 '심상공부(心上功夫)' 곧 "마음으로 하는 공부"를 말했다. 마음으로 하지 않는 공부는 진정한 학문이 아니라고 했다. 사실 이는 『대학』을 읽을 때뿐만 아니라 다른 경서나 고전들을 읽을 때도 마찬가지다. 마음으로 읽어야 글에 담긴 뜻을 깊이 느끼고 알며, 읽는 이 자신도 더 깊어지고 넓어진다.

세종 19년 10월 23일의 일이다.

경연에 나아갔다. 강독하다가 주문공이 옛말
의 잘못을 바로잡은 대목에 이르러 말했다.
"문공은 진실로 후세 사람으로서는 논의할 대
상이 아니다. 그러나 잘못을 바로잡은 말에도
혹 의심스러운 곳이 있다. 그리고 그 자신이 한
말도 또한 의심스러운 곳이 있다. 주자의 문인
으로서 스승의 말을 취하지 않은 자가 있었던
것이니, 비록 주자의 말이라도 또한 다 믿을 수
는 없을 듯하다."
(講至朱文公矯舊説之非曰: "文公固非後人所可得而
議者也. 然矯失之語, 或有可疑處, 且其自爲説者, 亦
有可疑處, 朱子之門人, 亦有不取師説者, 雖朱子之
説, 疑亦不可盡信也. -『世宗實錄』)

조선은 성리학의 국가다. 성리학은 주문공(朱文
公) 곧 주희가 집대성한 학문으로, 그의 해석은 다
른 어떤 학자들보다 권위를 갖는다. 그럼에도 세
종은 주자의 말이라도 의심스러운 곳이 있을 수

있으므로 다 믿을 수 없다고 했다. 이는 학문하는 이가 지녀야 할 마땅한 자세다. 그럼에도 조선시대 내내 주희의 해석은 더욱더 권위를 가져 마침내 절대적인 권위를 누렸다. 그 결과, 오늘날에도 여전히 주희의 해석을 아무런 의문도 의심도 없이 받아들이고 있는 실정이다. 이 책에서『대학장구』와 주희의 해석을 밀쳐놓고『고본대학』을 바탕으로 유교 정치학에 대해 논한 까닭도 학문을 질식시킬 뿐인 권위주의를 타파해야 함을, 해석의 가능성은 늘 열려 있다는 것을, 그래야만 학문이 학문다워지고 또 세상에 쓸모가 있다는 것을 분명히 하고자 함이다.

1장

무엇이 대학의 길인가

1-1

大學之道, 在明明德, 在親民, 在止於至善.

큰 배움의 길은 밝은 덕을 밝히는 데 있고, 백성을 가까이하는 데 있으며, 지극히 좋은 것에 머무는 데 있다.

注釋　도(道)는 추상적이고 형이상학적인 궁극의 무엇을 가리키는 것이 아니라, 현실적으로 사람이 가야만 하고 또 갈 수밖에 없는 구체적인 길을 뜻한다. 명명덕(明明德)에서 앞의 명(明)은 뒤의 명덕(明德)을 밝힌다는 뜻이며, 명덕은 본래 사람이 지닌 밝은 덕을 뜻한다. 덕 자체가 밝은 것인데, 덕의 의미가 퇴색함에 따라 명(明)을 덧붙인 것으로 볼 수 있다. 친(親)은 가깝다, 가까이하다는 뜻이다. 신유학자들은 이 친을 신(新)으로 고쳐 읽었으나, 여기서는 본래대로 했다. 지(止)는 멈추다, 머물다는 뜻이다.

蛇足　대학(大學) 곧 큰 배움이란 궁극적으로는 정치를 위한 밑천을 가리킨다. 흔한 말로 두루 배

우고 많이 들어서 안다는 '박학다식(博學多識)'이
나 갖가지 책을 널리 읽고 잘 외우는 '박람강기(博
覽强記)'는 큰 배움의 시작일 뿐, 이것으로 큰 배움
이 온전해지는 것은 아니다. 두루 배우고 아는 것
을 바탕으로 자신을 잡도리하거나 사람들과 어우
러지거나 사회적으로 또는 국가적으로 큰일을 알
맞게 해내는 데에 이르러야 비로소 큰 배움은 완
성된다. 여기에서 큰 배움의 길을 셋으로 나누어
말한 것도 이를 분명히 하기 위해서다.

그런데 큰 배움의 길은 '명명덕(明明德)'에서 시
작하여 '친민(親民)'에서 완성되는 것이 아닌가, 그
것으로 충분하지 않은가 하고 반문할 수 있다. 실
제로 그렇다. 친민이야말로 정치의 궁극이고 정치
의 완성이라 할 수 있다. 그럼에도 굳이 '지어지선
(止於至善)'을 덧붙인 까닭은 무엇인가? 그것은 대
학의 도(道) 즉 큰 배움의 '길'을 말하고 있기 때문
이다. 길이란 과정이지 목표나 목적지가 아니다.
대체로 도를 목표나 목적으로 여기는 것은 후대
의 관념이다. 길은 어디까지나 길이다. 시작점에
서 도착점까지 그 가운데에 길게 이어져 있는 것,
그것이 길이다. 그 길이 바로 '지어지선'이라는 말

이다. '명명덕'에서 시작되어 '친민'에서 끝나는 정치나 통치의 길은 '지어지선'에서 벗어나서는 안 된다는 뜻이며, '지어지선'에서 벗어나면 정치나 통치가 온전하게 이루어지지 않는다는 뜻이기도 하다.

정치나 종교에서 자신들의 주장을, 자신들의 신앙을 으뜸으로 여기면서 다른 주장이나 신앙을 무조건 배척하며 이단으로 내모는 일은 인류의 역사에서 매우 흔했다. 목표나 목적에 집중하고 집착하면서 그 과정을 간과하거나 도외시한 탓이다. 거의 모든 정치적 주체나 종교인들이 세상을 바로잡는다는 고상하고 이상적인 명분이나 목표를 내세우면서도 도리어 차별과 배척, 폭력과 억압을 저지르며 끊임없이 분란과 분쟁을 조장하는 이유도 여기에서 찾을 수 있다. 『대학』도 세속 정치의 길을 제시하는 유가의 경전이다. 동아시아의 모든 지식인들이 한결같이 외고 있는 '수신제가치국평천하(修身齊家治國平天下)'라는 이상, 그 이상이 자칫 아집과 독선으로 흐를 수 있기 때문에 그 점을 경계하기 위해 반드시 덧붙여야만 했던 것이 '지어지선'이다.

큰 배움의 길

'지어지선'의 길에서 벗어나지 않기 위해 해야 하는 것이 공부, 여기서 말하는 큰 배움이다. 배움은 예나 이제나 쉽지 않다. 배우는 게 즐거울 수는 있어도 쉬울 수는 없다. 배움은 본디 어려운 일이다. 누군가 배우는 게 쉽다고 말한다면, 그가 무엇을 배우며 어떻게 배우는지 의심해볼 필요가 있다. 살아가는 데 긴요하고 절실한 것을 배우려 했다면, 결코 쉽다고 말하지 못한다. 실천의 문제가 늘 배우는 이의 발목을 잡기 때문이다. 제대로 배운 자가 정치를 맡아야 한다는 말은 그가 실천하며 배웠기 때문이다.

『예기』에는 「학기(學記)」라는 글이 실려 있다. 여기에는 유교의 학문이 무엇이며, 어떻게 가르치고 배워야 하는지, 스승이 해야 할 일은 무엇인지가 일목요연(一目瞭然)하게 정리되어 있다. 거기에 다음의 문장이 나온다.

옥은 쪼지 않으면 그릇이 되지 않고, 사람은 배우지 않으면 도를 알지 못한다. 이러하므로 옛 왕들

은 나라를 세우고 백성의 군주 노릇을 할 때 가
르치고 배우는 일을 먼저 했다. 『상서(尚書)』「열
명」에서 "처음부터 끝까지 늘 배움을 생각하라"
고 했는데, 이를 이르는 말이리라!
(玉不琢, 不成器; 人不學, 不知道. 是故古之王者建國
君民, 敎學爲先. 兌命曰, "念終始典于學," 其此之謂乎!)

"처음부터 끝까지 늘 배움을 생각하라"는 말은
끊임없이 새로운 정치적 상황, 사회·경제적 변화
에 맞닥뜨리므로 이에 알맞게 대처하기 위해서는
통치자나 정치가들 모두 끊임없이 자신을 새롭게
해야 한다는 뜻이다.

공자는 '유교무류(有敎無類)' 즉 배우기를 바라
고 찾아온 이라면 그 신분을 묻지 않고 누구에게
나 가르쳤다. 공자로부터 사학(私學)이 시작된 까
닭이 여기에 있다. 그러면 누가 공자를 찾아가서
배우려 했으며 무얼 배우려 했는가? 벼슬을 하고
싶은 미천한 이들이 찾아가서 인의와 예악의 정치
를 배웠다.

그런데 벼슬이라는 목적에 집착하면 얄팍하게
배우는 데서 그치고, 욕심이 앞서면 의도치 않게

옆길로 샌다. 『논어』 「태백(泰伯)」편을 보면, "3년 동안 배우고도 녹봉을 구하려 하지 않는 사람을 얻기는 쉽지 않다"(三年學, 不至於穀, 不易得也)는 구절이 나온다. 대체로 공부를 시작한 지 3년쯤 되면 무언가 큰일을 해낼 수 있을 만한 능력이 생긴 듯이 여겨져 전에 없던 자신감으로 충만해진다. 그럴 때면 당장 세상에 나가서 쓰이기를 바라게 되는데, 바로 그런 때일수록 자신을 돌아보며 더더욱 다져야 한다. 공자처럼 야무진 스승에게서 배워도 3년은 짧은 기간인데, 하물며 공자보다 못하거나 어설픈 스승을 만나면 어떻게 될까?

지금의 가르침이란 눈앞의 책을 되풀이해서 읽게 하고 (깊은 뜻을 알게 하지 않으며) 질문을 번다하게 하고 말을 했다 하면 잡다하며, 학습의 진도에만 급급하여 학생의 상황을 돌아보지 않고, 학생이 온 마음을 다 기울일 수 있게 하지 못하며, 그 재능을 다하지 못하도록 가르치니, 가르침을 베푸는 자는 어그러져 있고 가르침을 구하는 이도 어긋나 있다. 그렇기 때문에 배운 것을 숨기려 하고 제 스승을 미워하며, 공부가 어렵다고 힘들어만 하고 그것이 보탬이 되는 줄은 모른다. 이러하니 학업을 다 마쳤더라도 배운 것을 내버리는 일이 참으로 빠르다. 가르침이 올바로 이루어지지 못하는 것은 바로 이 때문이리라! ─『예기』「학기」
(今之敎者, 呻其佔畢, 多其訊, 言及于數, 進而不顧其安, 使人不由其誠, 敎人不盡其材, 其施之也悖, 其求之也佛. 夫然, 故隱其學而疾其師, 苦其難而不知其益也, 雖終其業, 其去之必速. 敎之不刑, 其此之由乎! ─『禮記』「學記」)

저 옛날의 부실한 교육이 어쩌면 이리도 지금과 비슷한가! 학문을 익힌 자가 정치를 맡아서 해 온 역사가 그토록 오래되었음에도 여전히 올바른 정치가 이루어지지 않고, 이루어져도 달리는 말을 문틈으로 본 듯이 짧게 그친 것도 그런 교육 때문이 아닐까? 그럼에도 개개인이 자유롭게 살고 그 사회가 건강하고 한 나라가 부강해지기 위해서는 교육이 바로 서야만 한다는 사실은 변함이 없다. 『대학』은 이 전제에서 출발한다.

덕이란 무엇인가

왜 덕이 아니라 '밝은 덕'인가? 이는 강조한 것이다. 강조한다는 것은 그것을 바라는 마음이 간절하고 절실하다는 뜻이다. 왜 간절하고 절실한가? 사람들이 어우러져 살아야 하는 데 긴요한 것, 집안을 가지런히 하거나 나라를 다스리거나 천하를 태평하게 하는 데 없어서는 안 될 것이기 때문이다. 그러면 그냥 덕이라고 할 것이지, 왜 구태여 밝은 덕이라 했는가? 이는 『대학』이 쓰였던 그 시대적 상황에 말미암은 것이다. 탐욕과 어리석음으로 혼란과 전쟁이 거듭되어 제후나 귀족, 백성 모두 위태롭고 괴로웠던 시절, 사람의 본성에 대한 믿음이 가장 약화되어 "사람은 이익을 좋아하는 본성을 지녔다"는 법가 사상가들의 주장이 참으로 당연하게 받아들여졌던 시대에 저술된 글이기 때문이다.

『대학』이 오랫동안 유가 정치학의 교과서로 간주되어 신봉되었다고 해서 거기에 담긴 사상이 어떠한 역사적 배경과도 상관없이 저술된 것으로 여겨서는 곤란하다. 어떠한 사상이나 철학도 진공 상태에서 나오지 않았다. 대체로 독창적인 사유나 뛰어난 식견은 혼란이 극심하고 지독히 혼탁한 시대의 산물이다. 안정되고 평화로운 시대에 누가 문제의식을 갖고 새로운 사유를 펼치려 하겠는가. 그럼에도 덕(德)이라는 글자의 본뜻부터 살펴보는 것에서 시작할 필요는 있다.

덕(德)은 금문(金文)을 보면 본디 "조금 걷다, 길을 가다"는 뜻의 척(彳)과 "살피다, 깨닫다"는 뜻의 성(省)이 합쳐진 글자다. 나중에 여기에 "마음"을 뜻하는 심(心)이 덧붙었다. 이로써 보면, 덕은 차근차근 자신을 살피면서 내적인 자각을 이루어 얻은 마음, 나아가 이치를 체득한 것을 뜻한다고 말할 수 있다. 이러한 덕을 지닐 수 있는 타고난 능력을 맹자는 양지(良知)와 양능(良能)이라고 했다.

어쨌든 사람이 다른 짐승들과는 달리 '만물의 영장'이 될 수 있었던 것도 이 덕으로 말미암아서다. 아무리 법가 사상가들이 "사람의 본성은 나쁘다"는 성악(性惡)을 말하더라도, 이 사실은 부정하기 어렵다. 법가 사상가들 자신들이 가지고 있던 능력도 이 덕이 아니던가? 문제는 이 덕을 제대로 갖추지 못할 때 사람은 사람답다고 할 수 없으며,

심지어는 짐승보다 못한 존재로 전락하기 쉽다는 데 있다. 어떠한 짐승들보다 더 끔찍한 폭력을 저지르는 존재가 인간이 아니던가? 폭력적인 인간을 어찌 짐승보다 낫다고 하겠는가. 덕은 바로 폭력과 대립된다. 그 폭력이 무력이든 형벌이든 남을 억압하거나 강제하는 힘이라면 모두 덕과 어긋난다.

목왕이 견융을 정벌하려 하였다. 이때 제공 모보가 간언하였다.
"안 됩니다! 선왕들께서는 덕을 빛내셨지 군사력을 과시하지 않았습니다. 무릇 군사는 거두어 두었다가 알맞은 때에 움직이는 것이니, 그때 움직이면 위세를 떨칩니다. 그러나 함부로 과시하면 웃음거리가 되고, 웃음거리가 되면 위세를 떨치지 못합니다. 이런 까닭에 주나라 문공은 이렇게 노래하였습니다. '창과 방패 거두고, 활과 화살 활집에 넣노라. 나 아름다운 덕을 구하여 이 중원에 베푸나니, 참으로 왕께서 천명을 지키시네.' 선왕들께서는 백성이 덕을 바르게 하여 본성을 도탑게 하도록 힘쓰시고, 필요한 재물을 넉넉하게 해주고 긴요한 기구를 이용하게 하시며, 이로움과 해로움의 방향을 밝혀서 문화로써 닦게 하셨습니다. 이리하여 백성이 이로운 일에 힘쓰고 해로움을 피하며, 덕을 품고 천자의 위세를 두려워하게 하셨습니다. 그러므로 나라를 대대로 지켜서 더욱더 크게 할 수 있었습니다. … 이는 무력에 힘쓰지 않은 것이니, 백성의 고통을 가슴 아파하며 해악을 없앤 것입니다."-『국어』「주어 상」

(穆王將征犬戎, 祭公謀父諫曰: "不可! 先王耀德不觀兵. 夫兵戢而時動, 動則威, 觀則玩, 玩則無震. 是故周文公之頌曰, '載戢干戈, 載櫜弓矢. 我求懿德, 肆于時夏, 允王保之.' 先王之於民也, 懋正其德而厚其性, 阜其財求而利其器用, 明利害之鄉, 以文修之, 使務利而避害, 懷德而畏威, 故能保世以滋大. … 是先王非務武也, 勤恤民隱, 而除其害也. -『國語』「周語 上」)

목왕은 주 왕조의 제5대 왕으로, 기원전 977년부터 922년까지 재위했다. 주 왕조 초기의 군주고, 아직 예악이 무너지기 전에 통치하던 군주다. 그런 그가 지금의 섬서성 일대에 거주하고 있던 오랑캐 견융을 치려고 했는데, 이는 왕실의 안정을 위해서 필요하다고 판단했기 때문이다. 그러나 모보는 만류했다. 무력을 통해 정벌하는 것보다 덕을 드러내어 포용하는 일이 나라를 존속시키는 데 더 긴요하고 또 장구한 계책이 된다고 보았기 때문이다. 그런데 여기서 주목해야 할 점이 있다. 모보가 덕만 중시하지 않았다는 사실이다.

덕이 덕으로서 가치를 갖기 위해서는 "필요한 재물을 넉넉하게 해주고 긴요한 기구를 이용하게 하는" 등 백성이 살아가는 데 유감이 없도록 해주는 일도 함께해야 한다는 점이다. 이는 『상서』「대우모(大禹謨)」에서 "덕을 바로잡고 쓸 것을 이롭게 하며 생활을 도탑게 해주어 서로 잘 어우러지도록 한다"(正德利用厚生, 惟和)고 한 말을 다르게 표현한 것이나 마찬가지다. 18세기 후반에 조선의 북학파 사상가들이 주장한 '이용후생(利用厚生)'도 이 구절에서 나왔다. 요컨대 물질적인 문제까지 아울러 다루지 않고서는 덕이 덕으로서 구실하기 어렵다는 말이다. 패도(覇道)를 극력 부정하고 오로지 왕도(王道)만을 유일한 정치라고 주장했던 맹자조차 "산 사람을 먹여 살리고 죽은 사람을 장사지낼 때 섭섭함이 없게 하는 것"에서 왕도가 시작된다고 분명하게 말하지 않았던가.

여기서 경제력이나 군사력은 단순히 덕과 상반되는 개념이 아님을 알아야 한다. 다만, 아무리 경제적으로 부유하고 군사적으로 강대하더라도 덕이 전제되지 않으면, 쉽게 사치나 방종, 폭압이나 분란으로 흐르게 된다는 것을 이른다. 요컨대, 덕과 대립되는 개념은 폭력이지, 경제력이나 군사력 또는 형벌 자체가 아니다. 『논어』「위정(爲政)」편에서 공자가 "정령으로써 이끌고 형벌로써 잡도리하려고 하면, 백성은 벗어나려고만 하고 부끄러워할 줄 몰라. 허나 덕으로써 이끌고 예의로써 잡도리하면, 부끄러워하면서 바루려 하지"(道之以政, 齊之以刑, 民免而無恥; 道之以德, 齊之以禮, 有恥且格)라고 말했을 때도 이를 지적한 것이다.

덕은 사람의 바탕이고 정치의 토대다

기원전 606년, 초나라 장왕(莊王)이 육혼(陸渾)에 사는 오랑캐 융(戎)을 치고 난 뒤에 그 위세를 몰아 낙수(雒水)로 가 주(周)나라 영토 안에서 군사 시위를 했다. 주나라 정왕(定王)은 대부 왕손만

(王孫滿)을 보내 장왕을 위로하게 했다. 이때 장왕은 왕손만에게 구정(九鼎)의 크기와 무게를 물었다. 구정은 하(夏) 왕조를 세운 우왕(禹王)이 천하의 구주(九州)에서 모아들인 구리로 만든 솥으로, 천하를 다스릴 덕과 정통성을 상징하는 물건이다. 그러므로 장왕이 이 구정의 크기와 무게를 물었다는 것은 곧 천하를 차지하려는 야욕과 속셈이 있었음을 의미한다. 이에 대해 왕손만은 이렇게 대답했다.

천자가 되는 것은 덕에 있지, 솥의 크기나 무게에 있는 것이 아닙니다. 옛날 하(夏)나라가 덕을 갖추었을 때, 먼 곳의 나라들이 각각 그 나라의 산천과 물산을 그림으로 그려 올리고 구주의 수령들이 구리를 바쳐 솥을 만들었습니다. 그 솥에 갖가지 모양을 새겨 넣어 온갖 것들의 형상을 다 갖춰 백성이 신물(神物)과 괴물(怪物)을 구분하도록 했습니다. 그러자 백성이 내와 못에 들어가고 산과 숲에 들어가더라도 요사한 것을 만나지 않게 되었고 또 도깨비나 요괴 따위를 만나지 않게 되었으므로 위와 아래가 화합하여 하늘의 복을 받을 수 있었습니다. 그런데 걸왕(桀王)이 혼덕(昏德, 어두운 덕)을 지니자 구정이 상(商)나라로 옮겨져 6백 년이 흘렀고, 다시 상나라의 주왕(紂王)이 포학하게 굴자 구정은 주(周)나라로 옮겨졌습니다. 덕이 아름답고 밝으면 비록 솥이 작더라도 무겁습니다. 그러나 간악하고 어리석으면 비록 솥이 크더라도 가볍습니다. 하늘의 복과 명덕(明德, 밝은 덕)에도 한도가 있습니다. 주나라 성왕(成王)이 겹욕(郟鄏, 지금의 낙양)에 구정을 안치하고 점을 치자 30대(代) 7백 년으로 나왔으니, 이는 하늘이 명한 것입니다. 주 왕조의 덕이 비록 약해졌다고는 하지만, 천명은 아직 바뀌지 않았습니다. 구정의 무게는 물을 것이 못 됩니다. - 『좌전』「노선공 3년」

(在德不在鼎. 昔夏之方有德也, 遠方圖物, 貢金九牧, 鑄鼎象物, 百物而爲之備, 使民知神姦. 故民入川澤山林, 不逢不若. 螭魅罔兩, 莫能逢之. 用能協于上下, 以承天休. 桀有昏德, 鼎遷于商, 載祀六百. 商紂暴虐, 鼎遷于周. 德之休明, 雖小, 重也. 其姦回昏亂, 雖大, 輕也. 天祚明德, 有所厎止. 成王定鼎于郟鄏, 卜世三十, 卜年七百, 天所命也. 周德雖衰, 天命未改. 鼎之輕重,未可問也. ─『左傳』「魯宣公 3年」)

　왕손만의 대답에 '혼덕(昏德)'과 '명덕(明德)' 두 용어가 나온다. 혼덕이란 자신의 마음이나 능력을 잘못 알고 그릇되게 쓰는 데서 비롯된 내면의 상태다. 이와 달리 본래의 덕을 그대로 드러내어 밝게 쓰는 것이 명덕이다.

　왕손만은 비록 주 왕조의 덕이 쇠퇴했지만 여전히 그 덕의 잔향이 흐릿하게나마 천하에 흐르고 있으며, 장왕에게는 명덕은커녕 그 잔향을 이길 만큼의 덕조차 없음을 넌지시 그러나 따끔하게 지적했다. 아무리 군사력에서 우위에 있다 해도 덕이 결여되어서는 천명을 얻지 못한다는 뜻이기도 하다. 요컨대 "너 따위가 구정의 크기나 무게를 묻다니, 애초부터 번지수가 틀렸다!"고 타이른 것이다.

　인간은 타고난 자질이 뛰어나고 빼어나다. 그러나 그 자질을 제대로 살리는 경우가 그리 흔하지 않다. 흔하지 않은 자질을 타고나지만 그 자질대로 사는 일이 참으로 쉽지 않다는 말이다. 태평한 시절이 드물고, 가끔 있더라도 그조차 오래가지 못한 까닭도 거기에 있다. 유가에서 덕을 그토록 중시한 것은 그게 타고난 바탕이기 때문이고, 덕치를 그토록 강조한 것은 사람이 제 본바탕을 그만큼 쉽게 소홀히 하거나 어그러뜨리기 때문이다. 그럼에도 사람에 대한 사랑과 믿음을 저버리지 않아야 하는 것이 또한 정치가의 길이요 유가 지식인의 길이다.

다음은 『좌전』 「노선공(魯宣公) 15년」에 나오는 이야기다.

진(晉)나라의 위무자(魏武子)에게 애첩이 있었는데, 자식을 두지는 못했다. 위무자가 병이 들자, 아들 위과(魏顆)를 불러 이렇게 분부했다.

"내가 죽으면 반드시 이 여자를 개가시켜라!"

그런데 병세가 더 깊어지자 다시 분부했다.

"내가 죽으면 반드시 이 여자를 순장하라!"

마침내 위무자가 죽자, 위과는 여자를 개가시키면서 말했다.

"병세가 깊어지면 정신이 어지러워지는 법입니다. 나는 아버님이 정신을 잘 추스를 때 하신 말씀을 따랐습니다."

그 뒤에 위과가 보씨(輔氏) 땅에서 진(秦)나라 군

사와 싸울 때, 한 노인이 풀을 묶어서 진(秦)나라의 역사(力士)인 두회(杜回)가 나아가지 못하게 막았다. 두회는 그 풀에 걸려 넘어졌고, 위과는 그를 손쉽게 사로잡았다. 그날 밤, 위과의 꿈에 그 노인이 나타나 말했다.

"나는 그대가 재가시킨 여자의 아비라오. 그대가 그대의 선친이 정신이 맑았을 때 내린 분부를 좇았기에 내가 이로써 보답한 것이오."

'결초보은(結草報恩)'이라는 성어(成語)로 널리 알려진 이야기다. 병든 위무자는 처음에는 밝은 덕으로 분부를 내렸고, 병세가 깊어지자 어두운 덕으로 분부를 내렸다. 이것이 사람이다. 사람이란 아무리 덕이 있어도 몸이 허약해지면 정신이 흐려지고, 정신이 흐려지면 그 덕까지 미약해진다. 이렇게 덕은 참으로 중요하고 고귀한 것이지만, 쉽사리 변질될 수 있다는 점에서 또한 참으로 인간적이다. 어떠한 상황에서도, 맑은 정신일 때든 흐린 정신일 때든 그 덕을 한결같이 쓸 수 있어야 하지만, 그게 쉽지 않다. 하물며 온 세상의 선비들이 입신(立身)과 양명(揚名)에 혈안이 되고 모든 나라의 군주들이 부국과 강병에 목매는 시대라면, 그 덕을 어찌 잘 간직하고 쓸 수 있겠는가?

유가에서 요와 순을 성군(聖君)으로 떠받들고, 하 왕조를 일으킨 우왕과 상 왕조를 일으킨 탕왕(湯王), 주 왕조를 연 문왕과 무왕을 그토록 높이는 까닭은 아이러니하게도 덕을 오롯이 체득하고 덕으로 다스리는 일이 결코 쉽지 않았다는 반증이다. 성군은 드물고 혼군(昏君)이 훨씬 많다는 데서도 입증된다. 『좌전』과 『전국책』은 성군의 길이 참으로 요원함을, 덕치가 매우 실현하기 어려운 정치임을 잘 보여준다. 그럼에도 포기할 수 없었던 이들이 유가 지식인들이다. 인간에 대한 깊은 믿음과 끝없는 사랑 때문이다.

전국시대 들어서 거의 모든 군주들과 귀족들은 이러한 믿음과 사랑을 마치 이 세상에는 겨자씨만큼도 없는 듯이 여겼다. 그래서 음모와 술수가 난무했고, 분란과 전쟁이 끊이지 않았다. 사람은 본디 "이끗을 좋아하고 밝히는 본성" 즉 호리지성(好利之性)을 타고났다고 주장하는 법가의 학설이 옳다는 것을 증명해주는 듯한 시대였다. 그러나 거울이 때가 끼어 흐릿하다고 해서 그 본성까지 흐린 것은 아니듯이 혼탁한 시대에 살아남기 위해 버둥질하면서 간사하고 포악한 짓을 일삼는다 할지라도 사람의 본성이 본래 흐린 것은 아니지 않은가. 이것이 유가 지식인들의 확신이었다. 그런 확신이 '명명덕'으로 표현되었던 것이니, 이 얼마나 처절한 외침인가!

백성과 가까워지는 일이 정치다

흔히 쓰는 양친(兩親), 친척(親戚), 친족(親族) 따위의 말들에서 알 수 있듯이 본래 '친(親)'은 혈연 관계에 있는 사람, 곧 피붙이나 살붙이에 대해 쓰는 용어였다. 친은 가까이로는 어버이를, 멀리로는 겨레붙이를 두루 이른다. 어버이를 비롯한 겨레붙이는 당연히 '나'와 가까우니 내가 자연스럽게 아끼고 사랑하는 사람들이다. 이렇게 피붙이나 살붙이를 가까이하는 것, 이것이 친의 본래 뜻이다. 그렇다면 '친민(親民)'은 백성을 내 어버이처럼 또는 내 형제처럼, 내 겨레붙이처럼 여기고 아낀다는 뜻이리라.

그런데 왜 "백성을 가까이한다"는 친민을 말하는가? 백성의 마음을 얻어야 했기 때문이다. 민심이 곧 천심이라 한 것처럼 백성의 마음을 얻어야 천명을 얻기도 하지만, 또한 백성의 마음을 얻어야 실질적으로 부강해질 수도 있기 때문이다. 특히 전국시대에는 백성의 마음을 얻는 것이 곧 백성의 수를 늘이는 일이었다. 백성이 많아지면 생산에 종사하는 인구도 많아지고 아울러 전쟁에 나가 싸울 군사도 많아진다. 한마디로 백성이 많으냐 적으냐에 따라서 부국과 강병이 결정되었다고 해도 과언은 아니다. 따라서 백성을 가까이하는 일이 부국강병의 길로 나아가는 요체였고, 여전히 그러하다.

춘추시대에 제(齊)나라 환공(桓公)이 첫 패자(覇者)가 된 것도 관중(管仲, ?~기원전 645)이 백성을 가까이하는 일의 의미와 본질을 잘 알고 있었기 때문이다.

백성에게 어버이처럼 다가가면 백성도 그를 가까이 여기며 사랑한다. 온화하고 도탑게 이끌고 실속 있게 베푼다면, 비록 '나는 백성을 가까이하지 않는다'고 말하더라도 백성이 가까이할 것이다. 그러나 백성에게 원수처럼 다가가면 백성도 그를 멀리한다. 얄팍하게 이끌고 실속 없이 베푼다면, 비록 '나는 백성을 가까이한다'고 말하더라도 백성은 그를 가까이하지 않는다. 그러므로 '가까운 이를 가까이하는 것은 말로만 되는 일이 아니다'라고 한다.

현명한 군주는 멀리 있는 사람을 오게 하고, 가까이 있는 사람을 가깝게 대하는데, 이렇게 하는 것은 마음에 달렸다. 이른바 야행이란 마음으로 몰래 하는 것이다. 마음 깊이 덕을 실행할 수 있으면, 천하에 그와 겨룰 자는 없다. 그러므로 "오직 마음으로 몰래 덕을 실행하는 자라야 차지할 수 있도다!"라고 말한다. —『관자』「형세해」

(莅民如父母, 則民親愛之. 道之純厚, 遇之有實, 雖不言曰吾親民, 而民親矣. 莅民如仇讎, 則民疏之. 道之不厚, 遇之無實, 詐僞竝起, 雖言曰吾親民, 民不親也. 故曰: "親近者, 言無事焉."

明主之使遠者來而近者親也, 爲之在心. 所謂夜行者, 心行也. 能心行德, 則天下莫能與之爭矣. 故曰: "唯夜行者獨有之乎!"—『管子』「形勢解」)

관중은 오랜 벗인 포숙아의 추천으로 환공에게

발탁되었고, 30년 동안 재상으로 있으면서 제나라를 부강한 나라로 만들어 환공을 패자(覇者)로 군림하게 했다. 자신의 군주를 패자로 만드는 데서 그치고 왕자(王者)가 되게 하지 못했다는 사실 때문에 관중은 맹자로부터 혹독한 비난을 받았다. 그런 관중이지만, 위의 글에 나타나듯이 그의 정치는 '친민'을 바탕으로 이루어졌다. 백성의 마음을 얻지 못하면 결코 부강해질 수 없다는 사실을 명확하게 인식하고 있었기 때문이다.

여기서 주목해야 할 점은 어버이가 자식을 사랑하듯이 백성을 아끼고 사랑해야 한다는 것이며, 또 드러내놓고 과시하듯이 덕을 내보이는 것이 아니라 은근하게 덕을 실행해야 한다는 것이다. 이는 유가적 사유와 매우 통한다. 사실 덕을 과시하는 것은 일시적인 효과를 거둘 수 있을 뿐이고, 나중에 진심이 아닌 것으로 드러나면 도리어 백성이 등을 돌려버린다. 이는 결코 간과해서는 안 되는데도 대부분의 정치가들이 간과하는 점이다.

또 중요한 점은 과연 친민이 덕만으로도 되느냐는 것이다. 이 또한 『관자』에서 언급했다.

무릇 민중은 사랑해주면 가까워지고, 이롭게 해주면 찾아온다. 이런 까닭에 현명한 군주는 이익을 베풀어 백성을 모여들게 하고, 사랑을 밝혀서 백성을 가까이한다. 한갓 이익만 주고 사랑하지 않으면 민중은 찾아오더라도 가까워지지 않으며, 고작 사랑하기만 하고 이롭게 해주지 않으면 민중은 가깝게 여기면서도 찾아오지 않는다. 사랑과 이익을 아울러 베풀어야만 군주와 신하를 기쁘게 해주고 벗들을 기쁘게 해주며 형제들을 기쁘게 해주고 아비와 자식을 기쁘게 해준다. 사랑과 이익을 함께 베푼다면, 사방을 견고하게 해도 막을 수 없다. 그러므로 "백성을 기쁘게 하는 일은 사랑과 이익을 베푸는 데 있다"고 한다. ―『관자』「판법해」

(凡衆者, 愛之則親, 利之則至. 是故明君設利以致之, 明愛以親之. 徒利而不愛, 則衆至而不親; 徒愛而不利, 則衆親而不至. 愛施俱行, 則說君臣, 說朋友, 說兄弟, 說父子; 愛施所設, 四固不能守. 故曰: "說在愛施." ―『管子』「版法解」)

흔히 유가 사상은 덕성과 예법을 중시할 뿐 법

률이나 형벌은 경시한다고 생각하는 경향이 있다. 또 유가의 정치나 통치에서는 어짊과 올바름, 믿음 따위가 중요하지, 군사력이나 경제력은 그다지 중요하지 않다고 여기는 경향도 있다. 공자가 "소인은 이끗에 밝다"(小人喩於利)고 말하고 맹자가 양혜왕(梁惠王)에게 "하필 이익을 말씀하십니까?"(何必曰利)라고 말한 뒤로 이익에 대해서는 언급조차 하지 말아야 하는 것처럼 흔히 생각한다. 이 모두 오해다. 공자나 맹자, 순자 그 누구도 그렇게 말하지 않았다.

『논어』「안연(顔淵)」편에 다음의 대화가 나온다.

> 자공이 정치에 대해 여쭈니, 스승께서 말씀하셨다.
> "먹을거리가 넉넉하고 병력과 무기가 넉넉하고 백성이 믿는 것이다."
> "어쩔 수 없이 꼭 버려야 한다면, 세 가지 가운데 무엇을 먼저 버릴까요?"
> "병력과 무기를 버려라."
> "어쩔 수 없이 꼭 버려야 한다면, 두 가지 가운데 무엇을 먼저 버릴까요?"
> "먹을거리를 버려라. 예부터 모든 사람은 죽었다.

그러나 백성에게 믿음이 없으면 그 나라는 바로 서지 못한다.”

(子貢問政, 子曰: “足食, 足兵, 民信之矣.” 子貢曰: “必不得已而去, 於斯三者何先?” 曰: “去兵.” 子貢曰: “必不得已而去, 於斯二者何先?” 曰: “去食. 自古皆有死. 民無信不立.”)

대개 이 이야기를 들면서 공자는 군사력이나 경제력을 도외시하고 오로지 믿음만 중시한 것처럼 여기는데, 이는 심각한 오독(誤讀)이요 오해(誤解)다. 자공이 정치에 대해 묻자, 공자는 분명히 경제와 군사 그리고 백성의 믿음 세 가지를 들었다. 이 셋 가운데 어느 하나라도 부족하면, 그 나라는 위태로워질 수 있다. 공자가 백성의 믿음을 가장 중요하다고 한 것은 거기에서 부국강병의 길이 열리고 또 마무리되기 때문이다.

백성의 믿음을 얻음으로써 가능해지는 일이 친민 곧 백성과 가까워지는 일이다. 그러나 백성을 굶주림에 허덕이게 한다면, 과연 백성과 가까워질까? 외적의 침입에 대응할 만한 군사력을 갖추지 않는다면, 과연 백성이 그 군주를 믿을까? 백성이 믿지 않거나 가까이하지 않는다면, 그것은 군주로서 덕을 실행하지 않았기 때문이다.

지극히 좋은 데에 머문다는 것

지선(至善)은 말 그대로 "지극히 좋다 또는 착하다"는 뜻이다. 선(善)에는 착하다, 좋다, 길하다, 잘하다, 옳게 하다 따위의 뜻이 있다. 이렇게 여러 가지 뜻이 있지만, 이 모두 하나로 통한다. 옳게 하는 것이 잘하는 것일 뿐 아니라 착하고 길하며 좋은 것이기도 하다는 뜻이다. 선(善)의 금문(金文)을 보면, 양(羊) 한 마리를 가운데 두고 말씀 언(言)이 양쪽에 놓여 있다. 양은 송사에서 판결에 쓰이는 신령한 짐승이고, 두 개의 언(言)은 원고와 피고를 가리킨다. 원고와 피고가 신령한 양 앞에서 맹세를 하고 판결을 받는 상황임을 알 수 있다. 이에 대해서는 『묵자(墨子)』「명귀 하(明鬼 下)」에 관련 내용이 나온다.

옛날 제(齊)나라 장공(莊公)의 신하로 왕리국(王里國)과 중리요(中里徼)가 있었다. 이 두 사람은 3

년 동안이나 송사를 벌였는데 끝내 판결이 나지 않았다. 장공은 두 사람을 모두 죽이려 했으나 죄 없는 자를 죽일까 두려웠고, 모두 놓아주자니 죄 있는 자를 놓아줄까 걱정되었다. 이에 두 사람에게 양 한 마리를 끌어다 놓고 사당에 가서 맹세하게 했더니, 두 사람 모두 동의했다. 그리하여 구덩이를 파서 양을 죽여 피가 솟아나게 했다. 왕리국은 맹세문을 다 읽었으나, 중리요가 맹세문을 읽을 때는 채 절반도 읽지 않았음에도 양이 벌떡 일어나서 중리요를 들이받아 그의 다리를 꺾어버렸다. 사람들은 중리요를 때려 맹세하던 그 자리에서 죽여버렸다. 그때 제나라 사람들 모두 이를 보았고, 멀리 있는 사람들도 다 들었다.

이 이야기에서 장공이 고민했듯이 누가 죄를 지었는지 알 수 없을 때는 함부로 처결할 수가 없다. 그렇다고 해서 양쪽에 똑같은 처분을 내려도 옳지 않다. 이때 양을 두고 그 앞에서 맹세를 하여 신령한 힘을 빌어서 판결을 했는데, 양이 보여준 결과가 바로 선(善)이었던 셈이다. 여기서 중요한 것은 이게 미신이냐 아니냐가 아니다. 잘잘못이 결정된 것 자체가 옳으며 좋은 일이라는 사실이다. 죄가 없는 사람은 죄가 없다는 것이 드러나고 죄가 있는 사람은 죄가 있는 것으로 드러났으니, 이것이 바로 선이다. 말하자면, 사람들의 사사로운 이익과 상관없이 누구에게나 옳고 좋은 것, 보편적으로 통용되는 것, 이것이 선이다.

지선은 이런 선을 더욱 강조한 것이며, 선에 내포된 뜻을 모두 아우른다고 할 수 있다. 문제는 그저 좋은 것이든 지극히 좋은 것이든 그 좋은 것이 딱히 정해져 있지 않다는 데 있다. 사람에 따라서, 상황에 따라서, 문제에 따라서 얼마든지 달라질 수 있기 때문이다. 바로 이러한 특성 때문에 지선에 대해 운운하는 것도 학파마다, 사상마다 다르다.

> 가장 좋은 것은 물과 같다. 물은 온갖 것을 이롭게 잘 해주면서 다투지 않으며, 뭇 사람이 싫어하는 곳에 기꺼이 산다. 그러므로 도에 가깝다.
> 『도덕경』 8장
> (上善若水. 水善利萬物而不爭, 處衆人之所惡. 故幾
> 於道. 『道德經』 8)

이런 까닭에 백 번 싸워 백 번 이기는 것이 가장 좋은 것이 아니며, 싸우지 않고 적의 군대를 굴복시키는 것이 가장 좋은 것이다. -『손자병법』「모공」(是故百戰百勝, 非善之善者也; 不戰而屈人之兵, 善之善者也. -『孫子兵法』「謀攻」)

『도덕경』에서 말한 상선(上善)은『대학』의 지선(至善)과 같은 말로 보아도 어긋남이 없다.『도덕경』에서 말하는 상선은 물의 속성을 통해 그 의미가 좀 더 분명하게 드러난다. 물은 온갖 살아 있는 것들을 이롭게 해주면서도 다투는 법이 없다. 물이 흘러가는 모습을 잘 보라. 돌이나 바위가 나오면 에둘러 흐르고, 길이 곧거나 구부러져 있거나 간에 아무런 불평 없이 그에 따라 흐른다. 세속의 명리에 사로잡힌 사람들의 행태와는 사뭇 다르다. 더구나 물은 사람들이 싫어하는 것, 즉 낮은 곳에 기꺼이 산다. 낮은 곳에 살기 때문에 강이 되고 바다가 되는데, 사람들은 이러한 이치를 몰라서 또는 잊어서 높은 곳만 바라보며 애써 오르려 한다. 그런 인간의 어리석음을 일깨우려고 노자는 물을 끌어와 상선에 대해 말해주었다.

『손자병법』에서 끌어온 대목 또한 『도덕경』에서 말한 상선과 다르지 않다. 대체로 병법에서는 싸워서 적을 이기거나 굴복시키는 것을 최상으로 여기지만, 손자는 그렇게 보지 않았다. 싸우지 않고 이기는 것을 가장 좋다고 했다. 선지선자(善之善者)는 "좋은 것 가운데 좋은 것"을 뜻하니, 지선이고 상선이다. 손자가 병법의 대가로 일컬어지는 이유도 여기에서 찾을 수 있다. 상식 수준을 훌쩍 뛰어넘는 식견과 통찰력을 지녔기 때문이다.

> 전쟁이 잦으면 군사들이 지치고, 승리가 잦으면 군주가 교만해진다. 교만한 군주가 지친 백성을 부리면 나라는 위태로워진다. 가장 좋은 것은 싸우지 않고 이기는 것이고, 그 다음은 한 번 싸워서 이기는 것이다. 크나큰 승리란 여러 번 이긴 것을 모은 것이지만, 의롭지 않음이 없어야만 크나큰 승리라 할 수 있다. 크나큰 승리란 이기지 않음이 없는 것이다. ─『관자』「유관」
>
> (數戰則士疲, 數勝則君驕. 驕君使疲民, 則危國. 至善, 不戰; 其次, 一之. 大勝者, 積衆勝, 而無非義者焉, 可

以爲大勝. 大勝, 無不勝也. −『管子』「幼官」)

이 대목은 손자의 병법을 군주의 통치술로 풀어간 것이다. 여기서도 싸우지 않고 이기는 것을 지선이라 했다. 잦은 전쟁은 그 자체로 백성을 사지로 내모는 일이다. 비록 승리를 거두더라도 우리 군사들 가운데 죽거나 다치는 사람이 없을 수 없다. 전쟁의 규모가 크면 클수록 사상자는 더욱 많아진다. 백성이 없는 나라는 존재할 수가 없는데, 백성이 전쟁으로 죽어간다면 그 나라는 위태로워질 수밖에 없다. 게다가 그 막대한 경비를 어떻게 조달할 것인가? 그 경비 또한 고스란히 백성 몫이 아니던가. 그러므로 싸우지 않고 이기는 것이 가장 좋은 일일 수밖에 없다.

『관자』에서는 또 승리에 도취되었을 때의 위험도 거론하고 있다. 승리가 잦으면 군주가 교만해진다는 말이 그것이다. 이는 이미 예정된 것이기도 하다. 전쟁을 계속 일으킨다는 것은 영토 확장이라는 야욕이나 탐욕이 있어서다. 자신의 야욕이나 탐욕을 위해 백성을 사지로 내모는 군주라면 덕을 갖추었으리라 기대하기 어렵다. 그런 군주에게 승리를 자주 가져다주면, 더욱더 야욕과 탐욕을 부릴 것 아닌가. 이는 결국 이미 지친 백성을 더욱더 부리는 결과로 이어진다. "의롭지 않음이 없어야 크나큰 승리라 할 수 있다"는 말에는 백성을 아끼고 위하는 마음에서 부득이하게 치르는 전쟁이어야 한다는 뜻이 담겨 있다.

유가에서 말하는 좋은 것

이렇게 『도덕경』이나 『관자』에서도 지극히 좋은 것을 언급하고 있는데, 정치나 통치의 측면에서 보자면 내포하는 뜻이 거의 통한다. 이제 유가적 관점이 짙게 배어 있는 이야기를 한 번 보자.

초나라 장왕(莊王)이 대부 사미(士亹)에게 태자 잠(箴)을 가르치게 했다. 그러자 사미가 사양하며 말했다.

"저는 재주가 없어 보탬이 될 수 없습니다."

장왕이 말했다.

"그대의 좋은 점을 가지고 태자를 좋게 만드시오."

사미가 대답했다.

"무릇 좋게 되는 일은 태자에게 달렸습니다. 태자가 좋게 되려고 하면, 좋은 사람들이 이를 것입니다. 태자가 좋게 되려 하지 않는다면, 아무리 좋게 하려고 해도 쓸모가 없습니다. 그래서 요임금에게는 단주가 있었고, 순임금에게는 상균이 있었으며, 계에게는 오관이 있었고, 탕왕에게는 태갑이 있었으며, 문왕에게는 관과 채가 있었습니다. 이 다섯 왕들은 모두 빼어난 덕을 지녔으나, 간악한 자식들이 있었습니다. 어찌 그들이 자식들을 좋게 만들려 하지 않았겠습니까? 그렇게 할 수 없었기 때문입니다." - 『국어』「초어 상」

(莊王使士亹傅太子箴, 辭曰: "臣不才, 無能益焉." 王曰: "賴子之善善之也." 對曰: "夫善在太子. 太子欲善, 善人將至; 若不欲善, 善則不用. 故堯有丹朱, 舜有商均, 啓有五觀, 湯有太甲, 文王有管·蔡. 是五王者, 皆有元德也, 而有姦子. 夫豈不欲其善? 不能故也." - 『國語』「楚語 上」)

이 이야기에서 선(善)은 내면의 미덕, 나아가 그런 미덕을 일깨워주는 것까지 가리키고 있다. 이는 매우 중요한 점을 암시한다. 이미 '지어지선(止

於至善)'을 말하기 전에 먼저 '명명덕(明明德)'을 언급했다는 데서도 짐작할 수 있는 점인데, '지극히 좋은 것'은 그저 밖에 있는 어떤 사물이나 현상을 가리키는 것이 아니라 사람의 내면에 있는 '밝은 덕'을 먼저 가리킨다는 사실이다. 주체적이고 자발적이어야 이 덕을 비로소 밝힐 수 있다는 것은 두말 할 필요가 없으리라. 사미가 말하고자 한 것이 이것이다.

지어지선, 즉 지극히 좋은 데에 머문다는 것은 밝은 덕이 없어서는 가능하지 않다. 지극히 좋은 데를 늘 누군가가 알려주고 일깨워준다면 모르겠으나, 그런 일은 거의 없다. 있다 하더라도 매우 드물 뿐만 아니라, 스스로 밝은 덕을 밝히지 못하는 자라면 알려주거나 일깨워준들 듣는 척이나 하겠는가? 천만의 말씀이다. 바로 이 때문에 밝은 덕을 밝히는 일을 먼저 거론했다.

밝은 덕을 밝힌 자는 인자(仁者)요 지자(知者)다. 이런 인자나 지자라야 어떤 상황에서든 가장 좋은 것을 알아보고 가장 좋은 데를 찾아낼 수 있으며, 가장 좋은 것을 오래 지니고 가장 좋은 데서 오래 머물 수 있다. 『논어』「이인(里仁)」편에서 공자가 말한 "어질지 않은 자는 간소함에 오래 머물지 못하고 즐거움에 길이 머물지 못하지. 어진 자는 어짊을 편안하게 여기고, 아는 자는 어짊을 이롭게 여긴다네"(不仁者, 不可以久處約, 不可以長處樂. 仁者, 安仁; 知者, 利仁)도 같은 맥락에서 이해할 수 있다.

그러나 밝은 덕을 밝히기란 또 얼마나 어려운 일인가? 그토록 유자들이 떠받드는 성군을 아비로 두었음에도 그 자식들이 간악한 자가 된 데서 단적으로 드러나지 않는가. 결국, 지극히 좋은 것은 알기도 어렵고, 알더라도 오래 지니고 이어가기는 더욱 어렵다는 것을 알 수 있다. 그렇기 때문에 머뭇거리거나 뒷걸음질할 수도 없다. 그토록 어렵고 힘든 길이 바로 대학의 길이기 때문이다.

또한 새겨두어야 할 점은 앞서 『관자』에서 "크나큰 승리란 여러 번 이긴 것을 모은 것이다"라고 말했듯이 밝은 덕을 밝히는 일은 크나큰 승리를 거두는 일과 같다는 사실이다. 밝은 덕은 수많은 자잘한 덕이 모여서 이루어지며, 일상의 그 흔하고 하찮은 일을 하는 가운데서도 자신을 돌아보고 잡도리하며 차근차근 이치를 터득해 나가는 과정에서 차츰차츰 밝아지기 때문이다. 결코 단번에 해낼 수 있는 일이 아니고, 무슨 거창한 일을 해야만 가능한 것도 아니다. 달리 말하면, 작은 일에서, 한 걸음 내딛는 일에서 시작되고 이어지며 완성된다는 뜻이다. 맹자나 순자가 그 암울한 시대에도 포기하지 않았던 것은 이를 통찰하고 확신했기 때문이다.

그러면 『대학』에서 말하는 지선(至善), 곧 '가장 좋은 것 또는 가장 좋은 데'란 구체적으로 무엇인가? 앞서 선(善)의 어원에 대해 말한 바 있는데, 거기에 이미 함축되어 있다. 선은 송사에서 신령한 짐승을 가운데 두고 원고와 피고가 각각 맹세를 하고 판결을 받는 형태의 글자라고 말했다. 이는 곧 신의(神意)를 따라 결정한다는 뜻이다. 신의는 천의(天意)라고도 할 수 있으며 인간의 사사로움이 전혀 개입되지 않은 공평무사(公平無私)하고 공명정대(公明正大)한 뜻을 가리킨다.

『상서(尙書)』「홍범(洪範)」에 나온다.

치우치지 말고 쏠리지도 말아서 왕의 올바름을 따르고, 혼자 좋아하는 일을 하지 말아서 왕의 도를 따르고, 혼자 싫어하는 일을 내치지 말아서 왕의 길을 따르라. 치우침도 없고 편드는 일도 없으면 왕의 도는 아주 넓어지고, 편드는 일도 없고 치우침도 없으면 왕의 도는 매우 고르게 되고, 거꾸로 함도 없고 기울어짐도 없으면 왕의 도는 바르고 곧으리. 법칙을 지키는 이를 모으면, 법칙을 지키는 이들이 돌아오리라.

(無偏無陂, 遵王之義; 無有作好, 遵王之道; 無有作惡, 遵王之路. 無偏無黨, 王道蕩蕩; 無黨無偏, 王道平平; 無反無側, 王道正直. 會其有極, 歸其有極.)

이는 왕의 길이 공평무사에 있음을 분명하게 드러낸 것이다. 『순자』 「군도(君道)」에서도 군주는 "예의에 따라 나누고 베풀며, 두루 고르게 하되 치우치지 않아야 한다"(以禮分施, 均偏而不偏)고 말했다. 공평무사는 왕의 길이기만 한 것은 아니다. 무릇 실무를 담당하는 관리들, 곧 왕의 신하들도 마찬가지로 지켜야 할 법도요 법칙이다. 한마디로 '대학의 길'이라는 말이다.

저 신하된 자의 공정함이란 공무를 처리할 때는

사사로움을 위해 힘쓰지 않고, 공직에 있을 때는 재화와 이익을 말하지 않으며, 공법을 실행할 때는 친척에게 편들지 않고, 공공을 위해 현명한 이를 천거할 때는 원수라도 피하지 않는다. -『설원』 「지공」

(彼人臣之公, 治官事則不營私家, 在公門則不言貨利, 當公法則不阿親戚, 奉公擧賢則不避仇讎. -『說苑』 「至公」)

권한이나 위세를 가진 자가 사사로운 마음을 갖는 순간, 공평무사해야 할 일이 치우침과 쏠림으로 얼룩진다. 이래서는 백성이 풍족하게 또 고르게 잘 살기 어렵다. 따라서 공평무사와 공명정대야말로 통치 또는 정치의 길에서 결코 벗어나서는 안 될 가장 좋은 길, 곧 지선(至善)이다. 맹자가 강조한 '여민락(與民樂)' 곧 군주가 백성과 함께 즐거워하는 정치를 이루는 것도 이 지선을 통해서다.

춘추시대 진(晉)나라의 중이(重耳)는 정치적 소용돌이에 휘말려 나라를 떠나 여러 나라를 떠돌아야 했다. 19년이나 떠돌다가 겨우 귀국하여 진나라를 부강하게 만들면서 패자의 위치에 올랐으나, 떠돌면서 크고 작은 간난신고를 두루 겪었다. 중이의 일행이 위(衛)나라에 이르렀을 때 일이다. 당시 위나라 문공(文公)은 형(邢)나라와 적인(狄人)의 침공을 걱정하여 중이 일행을 대접할 여유가 없었다. 그때 신하인 영장자(寧莊子)가 진언한 말에 이런 대목이 나온다. 1-1의 내용을 잘 집약한 것이기도 하다.

> 무릇 예란 나라의 벼리고, 친은 백성을 뭉치는 것이며, 선은 덕을 세우는 바탕입니다. 나라에 벼리가 없으면 잘 매조질 수 없고, 백성이 뭉치지 않으면 단단해지지 않으며, 덕이 서지 않으면 튼튼하게 설 수 없습니다. 이 세 가지는 군주가 삼가야 하는 일입니다. 이제 군주께서는 그것들을 버리시니, 어찌 옳지 않은 일이 아니겠습니까! -『국어』「진어4」
>
> (夫禮, 國之紀也; 親, 民之結也; 善, 德之建也. 國無紀, 不可以終; 民無結, 不可以固; 德無建, 不可以立. 此三者, 君之所愼也. 今君棄之, 無乃不可乎!" -『國語』「晉語四」)

1-2

知止而后有定, 定而后能靜, 靜而后能安, 安而后能慮, 慮而后能得.

멈출 줄 안 뒤에야 차분해지고, 차분해진 뒤에야 고요할 수 있고, 고요해진 뒤에야 편안할 수 있고, 편안해진 뒤에야 제대로 생각하고, 제대로 생각한 뒤에야 깨달을 수 있다.

注釋 후(后)는 후(後)와 같다. 정(定)은 정하다, 바로잡다, 머물다는 뜻으로, 가닥을 잡기 위해 마음을 가라앉히다, 차분해지다는 말맛을 담고 있다. 정(靜)은 고요하다, 조용하다는 뜻으로, 차분하고 잔잔해진 마음이 바깥의 사물에도 흔들림이 없이 이어진다는 말맛을 담고 있다. 안(安)은 편안하다는 뜻으로, 조마조마하거나 두근거릴 만한 사태가 전혀 없다는 말맛을 담고 있다. 려(慮)는 두루 생각하다, 깊이 꾀하다는 뜻이다. 득(得)은 마땅함을 얻다, 알맞음을 알다, 깨닫다는 뜻이다.

蛇足　　1-1에서는 '대학의 도'에 대해 간략하게 말했다면, 여기서는 그 최초의 단계를 거론하고 있다. 밝은 덕을 밝히기 위해서 어떻게 해야 하느냐, 즉 명명덕의 구체적인 방법을 일상에서 쉽게 경험할 수 있는 일을 바탕으로 매우 상세하게 서술하고 있다. 얼핏 보아서는 이게 무슨 뜻인가 여겨질 수도 있겠으나, 그만큼 사람들이 쉽게 간과하는 것을 콕 집어서 끄집어냈다는 뜻이기도 하다.

이 구절의 해석에서 먼저 짚고 넘어갈 것이 있다. 그것은 '지지(知止)'의 '지(止)'를 앞서 나온 '지어지선(止於至善)'의 '지(止)'와 혼동할 수 있다는 점이다. 대개 이 구절이 앞 구절의 말미에서 이어지는 것으로 파악하는데, 전혀 그렇지 않다. 글자는 같으나, 함의는 매우 다르다. 그리고 이 구절은 '지지'에서 시작되고 '득(得)'에서 끝나기 때문에 '지지'의 해석이 어떠하냐에 따라서 이 구절 전체의 해석도 달라진다.

가령, 주희는 '지지'의 '지'에 대해『대학집주』에서 "지는 마땅히 그쳐야 할 곳이니, 바로 가장 좋은 것이 있는 곳이다"(止者, 所當止之地, 即至善之所

在也)라고 말했다. '지어지선'의 '지'와 동일한 것으로 보고 해석한 셈이다. 이렇게 되면, 이어지는 정(定), 정(靜), 안(安), 려(慮), 득(得) 따위에 대한 해석에도 문제가 생긴다.

> 이를 안다면 뜻에 일정한 방향이 있을 것이다. 정은 마음이 함부로 흔들리지 않는 것을 이르고, 안은 머문 곳에서 편안해 하는 것이며, 려는 일을 처리하는 것이 정밀하고 상세함을 이르고, 득은 머물 곳을 얻음을 이른다. — 『대학집주』
> (知之, 則志有定向. 靜, 謂心不妄動; 安, 謂所處而安; 慮, 謂處事精詳; 得, 謂得其所止. — 『大學集註』)

"이를 안다"는 것은 '지선지소재(至善之所在)' 곧 '지극히 좋은 것이 있는 곳'을 안다는 뜻이다. 그렇다면 이미 지극히 좋은 데를 알고 머무는데, 또 무엇이 더 필요한가? 머물 곳을 알고서 머물고 있다면, 이미 그 뜻이 정해져 있는 것 아닌가? 어찌 다시 뜻에 일정한 방향이 있다고 말하는가? 지극히 좋은 데를 알고 머무는 사람의 마음이 과연 함부로 흔들릴까? 그곳이 편안하지 않을 수 있다는 말인가? 주희는 원문의 맥락을 제대로 짚어내지 못했다. 이는 '지어지선'의 '지'와 '지지'의 '지'를 혼동한 데서 말미암은 것이다.

　제대로 해석하려면, 앞서 말했듯이 1-2를 명명덕을 위한 단계로 보아야 하며, 사람들이 일상에서 맞닥뜨리는 일과 관련해서 풀어가야 한다. 우리는 살아가면서 수많은 일들을 겪는데, 스스로 계획한 대로 또 예상한 대로 일이 풀리는 경우는 거의 없다. 심지어는 전혀 예기치 못한 사태에 맞닥뜨리기까지 한다. 그것이 바랄 만한 일이나 사태라면 좋겠으나, 대부분은 바라지 않는 상황이다. 이럴 때 어떻게 해야 하는가? 대체로 불안감이나 두려움을 먼저 느끼고, 이어 허둥대거나 걱정한다. 때로는 그저 정신이 나간 사람처럼 멍해진다. 그것은 그럴 때 어떻게 해야 한다는 것을 제대로 배운 적이 없기 때문이다.

　이미 배우고 익힌 것으로도 감당할 수 있는 일들만 겪는다면, 참 좋으련만! 현실은 그렇지 못하다. 또 앞으로 일어날 일들, 다가올 사태들을 충분히 예상할 수 있으면 좋겠지만, 거의 그렇지 못하다. 특히, 내가 마주한 사람의 표정이나 언행이 돌변하는 경우, 한창 진행하고 있는 일이 느닷없이 변경되거나 예상하지 못한 변수가 생기는 경우, 늘 믿고 있었던 사람에게서 무언가 꺼림칙한 것이 느껴지고 불안해지는 경우, 그러한 경우에 우리는 어떻게 할 것인가? 그저 당황하고 말 것인가? 허둥대다가 아주 그르칠 것인가? 아니면, 사태의 핵심을 파악해서 헤치고 나갈 것인가? 1-2는 바로 그러한 때에 어떻게 해야 할지를 세분해서 말해주고 있다. 여기서 『대학』의 통찰력은 빛이 난다. 이는 『중용』의 다음 대목과 짝할 만하다.

> 널리 배우고 자세히 묻고 삼가 생각하고 환하게 가려내고 도탑게 행해야 한다.
> (博學之, 審問之, 愼思之, 明辨之, 篤行之.)

나는 이를 『중용, 어울림의 길』(2013)에서 이렇게 해석했다. "널리 배우는 일에서 도탑게 행하는 일까지는 밖에서 안으로, 대상에서 내 몸으로 향하는 익힘의 과정을 말한 것이다. '널리 배우고 자세히 묻는 것'은 내 몸 밖에서 이루어지는 일이고, '삼가 생각하고 환하게 가려내는 것'은 내 안에서 이루어지는 일이다. 말하자면, 밖을 향해서 배우고 물은 뒤에 안으로 생각하고 가려내야 한다는 것이다. 그런 뒤에 그 모든 것을 몸에 갈무리해두어야 하는데, 그것은 도탑게 행함으로써 마무리된다."

이는 실천적인 공부의 길을 제시한 것이다. 한편, 1-2는 어떤 문제나 난관에 부닥쳤을 때, 해답이나 대응 방법을 찾기 위해서 어떻게 해야 할 것인지를 말해주고 있다. 『중용』의 구절이 평소의 공부법에 대해 말한 것이라면, 『대학』에서는 갑작스럽거나 돌연한 사태가 닥쳤을 때에 대응하는 방법을 제시한 것이다. 따라서 1-2의 본뜻을 꿰뚫고 알아서 실제 내 삶 속에서 운용하는 일이 더욱 어려울 수 있다.

병법에서 정(正)과 기(奇)

여기서 잠시 병법(兵法)에 대해 살펴보자. 흔히 병법이라 하면, 전투나 전쟁에서 이기는 방법이나 원칙을 잘 정리한 책쯤으로 여긴다. 사실 그렇다. 그러나 그게 병법의 전부는 아니다. 그것을 병법의 전부로 안다면, 실제 상황에서 거의 일을 그르쳐서 쓰디쓴 패배를 맛보기 십상이다. 수학을 공식이나 정리만 익힌다고 잘하는 것은 아니지 않은가. 병법 또한 그러하다. 병법에도 수학의 공식이나 정리에 해당하는 '정(正)'이 있고, 이를 형세나 상황의 변화에 따라 적절하게 운용하는 '기(奇)'가 있다. 이 둘을 제대로 알고 적절하게 써야만 이길 수 있다.

무릇 전쟁이란 정(正)으로써 적과 싸우고 기(奇)로써 이긴다. 그러므로 기를 잘 쓰는 자는 천지의 변화처럼 끝이 없고 강과 바다처럼 마르지 않는다. 끝난 듯하면서 다시 시작되는 것이 해와 달이고, 죽은 듯하면서 다시 살아나는 것이 사계절이다. 소리의 기본은 궁(宮)·상(商)·각(角)·치(徵)·우(羽) 다섯 가지에 지나지 않지만 이 다섯 가지 소리의 변화는 이루 다 들을 수 없고, 색깔의 기본은 파랑·노랑·빨강·검정·하양 다섯 가지에 지나지 않지만 이 다섯 가지 색깔의 변화는 이루 다 볼 수 없으며, 맛의 기본은 단맛·쓴맛·신맛·짠맛·매운맛 다섯 가지에 지나지 않지만 이

다섯 가지 맛의 변화는 이루 다 맛볼 수 없고, 전쟁에서 세(勢)는 기와 정에 지나지 않지만 기와 정의 변화는 그 끝을 알 수 없다. 기와 정은 서로 북돋아주어 마치 둥근 고리처럼 끝이 없으니, 누가 이를 다할 수 있겠는가? -『손자병법』「세」

(凡戰者, 以正合, 以奇勝. 故善出奇者, 無窮如天地, 不竭如江河. 終而復始, 日月是也; 死而復生, 四時是也. 聲不過五, 五聲之變, 不可勝聽也; 色不過五, 五色之變, 不可勝觀也; 味不過五, 五味之變, 不可勝嘗也; 戰勢不過奇正, 奇正之變, 不可勝窮也. 奇正相生, 如環之無端, 孰能窮之? -『孫子兵法』「勢」)

여기서 정(正)은 원칙이나 법칙으로서 정칙(定則)이라 할 수 있고, 기(奇)는 그 원칙이나 법칙을 상황에 따라 알맞게 활용하는 것으로서 적용(適用)이라 할 수 있다. 중요한 것은 적용인데, 이것이 쉽지 않다. 왜냐하면 적용은 끊임없이 바뀌고 달라지는 상황이나 형세에 따라 알맞게 쓰는 것이기 때문이다. 정해진 규칙을 오롯이 익힌 뒤에 그로부터 자유로워져야만 가능한 것이 적용이다. 흔히 말하는 '임기응변(臨機應變)'을 떠올리면 된다. 이것이 병법에서 말하는 적용으로서 기(奇)요, 기기묘묘한 계책 또는 기이한 계책으로서 기(奇)다. 이 기(奇)를 모르면서 병법을 안다고 하는 자는 고작 병법에 쓰인 정(正)만 고집하는 자로, 이른바 '지상병법(紙上兵法)'이나 '지상담병(紙上談兵)' 수준에서 머문 자다.

지상병법 수준임에도 스스로 병법의 고수라고 자처했다가 처참하게 패배를 겪은 대표적인 인물이 전국시대의 조괄(趙括)과 삼국시대의 마속(馬謖)이다. 조괄은 기원전 260년에 장평(長平)에서 진(秦)나라 장수 백기(白起)의 작전에 걸려들어 그 자신은 죽고 40만 조나라 군사들이 생매장을 당하는 비극을 연출했다. 마속은 유비가 죽고 난 뒤에 처음으로 감행한 제갈량의 위(魏)나라 공략에서 선봉에 섰다가 가정(街亭)의 전투에서 산 위에 진을 치는 패착을 두는 바람에 처참하게 패배를 겪었다. 마속은 그 전투에서 죽지는 않았으나, 나중에 제갈량이 군법에 따라 그의 목을 베었다. 고사성어인 '읍참마속(泣斬馬謖)'의 주인공이다.

이렇게 병법서만 보고서 병법을 안다고 여긴 조괄이나 마속과 달리, 병법의 원칙을 자유자재로

운용하여 명성을 떨친 인물이 있다. 바로 유방(劉邦)을 도와 한(漢)나라를 세우는 데 기여한 한신(韓信)이다. 그는 유명한 '배수진(背水陣)'의 주인공이기도 하다. 『사기』「회음후열전(淮陰侯列傳)」에 그 전말이 기록되어 있다.(회음후는 유방이 천하의 패권을 차지하고 한(漢)을 세운 뒤에 공신인 한신에게 준 작위다. 회음은 한신의 출신지로, 옛 초(楚)나라 땅이다.)

한신이 조(趙)나라를 치려고 했을 때다. 그런데 그가 거느린 병사들은 수만 명이었으나, 정예병이 아니라 거의 오합지졸(烏合之卒)이었다. 게다가 수레 두 대가 나란히 갈 수 없는 매우 좁은 정형(井陘)을 거쳐서 가야만 했다. 조나라 왕과 성안군(成安君)은 이 소식을 듣고 정형 어귀에 병사들을 모았는데, 무려 20만 명이었다. 이때 이좌거(李左車)가 성안군에게 병사 3만 명을 빌려주면 지름길로 가서 멀리서 싸우러 오는 적의 군량미 수송대를 쳐서 본대와 끊어놓겠다는 계책을 내놓았다. 그러나 성안군은 받아들이지 않았다.

성안군은 유자(儒者)로서 언제나 의로운 군대를 운운하며 속임수나 기이한 계책 따위는 쓰지 않는다고 자부한 인물이었다. 이번에도 "십즉위지, 오즉공지, 배즉분지"(十則圍之, 五則攻之, 倍則分之)라는 용병술을 내세우며 이좌거의 계책을 쓰지 않았다. 이는 『손자병법』 「모공(謀攻)」편에 나오는 말로, "아군의 병력이 적의 열 배가 되면 포위하고, 다섯 배가 되면 공격하고, 두 배가 되면 병력을 나누어 상대한다"는 뜻이다. 성안군은 아군의 병력이 다섯 배가 된다고 여겨서 맞아 싸우려 한 듯하다.

사실 병법에 뛰어난 한신이었으므로 오합지졸을 이끌고 폭이 좁은 길을 통해서 적을 치러가는 일이 얼마나 무모한 줄 잘 알고 있었다. 만약 이러한 상황을 제대로 파악하고 적절하게 대처할 수 있는 지략가가 적진에 존재한다면, 아군은 고립무원의 처지에 놓이거나 대패하기 십상이다. 그래서 내심 불안해하면서 미리 첩자를 풀어 조나라의 동향을 파악하고 있었는데, 이좌거의 계책을 쓰지 않은 것이다. 이를 안 한신은 매우 기뻤다.

한신은 곧바로 병사들을 이끌고 과감하게 정형의 좁은 길을 내려와 정형 어귀에서 30리가 채 못 되는 곳에 머물러 야영했다. 그날 밤, 군령을 정하고 날랜 병사 2천 명을 뽑아 저마다 붉은 기를 하나씩 가지고 샛길로 해서 산속에 숨어 조나라 군사를 바라보게 시키고는 이렇게 명령했다.

"조나라 군사는 우리 군사가 달아나는 것을 보면 반드시 성을 비워 놓고 우리 군사의 뒤를 쫓아올 것이다. 그러면 너희는 재빨리 조나라 성으로 들어가 조나라 기를 빼고 한나라의 붉은 기를 세워라!"

또 비장을 시켜 가벼운 식사를 전군에 나누어주도록 하고는 이렇게 말했다.

"오늘 조나라 군사를 무찌른 뒤에 모여서 실컷 먹자!"

장수들은 아무도 그 말을 믿지 않았으나 응하는 척하며 대답했다.

"예, 알겠습니다!"

한신은 군사 1만 명을 먼저 가도록 하고는 정형 어귀로 나가서 물을 등지고 진을 치게 했다. 이른바 '배수진(背水陣)'을 친 것이다. 조나라 군대는 이를 보고서 병법을 모른다고 한껏 비웃었다. 날이 샐 무렵, 한신은 대장의 깃발을 세우고 진을 치면서 정형 어귀로 나아갔다. 조나라 군대가 성을 열고 나오자 한참을 싸웠다. 이윽고 한신은 거짓으로 북과 기를 버린 채 강을 등지고 친 진으로 달아났다. 이에 조나라 군대는 정말로 성을 비워 놓고 한신의 군대를 뒤쫓아 와서 쳤다. 그러나 한신의 군대가 죽기를 각오하고 싸우므로 도저히 무찌를 수 없었다. 그때 한신이 미리 보낸 병사 2천 명이 얼른 조나라 성 안으로 들어가서 조나라 기를 모두 뽑고 한나라의 붉은 기를 꽂았다.

조나라 군대는 한신의 군대를 이기지 못하자 성으로 돌아가려고 했다. 그러나 조나라 성에는 온통 한나라의 붉은 기가 꽂혀 있었다. 매우 놀란 조나라 병사들은 이미 한나라 군대가 성을 차지한 것으로 여겨 어지럽게 달아났다. 조나라 장수들이 막으려 했으나, 소용이 없었다. 이에 한나라 군대는 조나라 군대를 크게 깨뜨리고 성안군을 목 베어 죽였으며, 조나라 왕도 사로잡았다.

이윽고 장수들이 적의 머리와 포로를 바치고 축하한 뒤, 한신에게 물었다.

"병법에는 '산과 언덕을 오른쪽으로 하여 등지고, 물과 못을 앞으로 하여 왼쪽에 두라'고 했는데, 오늘 장군께서는 저희에게 도리어 물을 등지고 진을 치게 하면서 '조나라를 무찌른 뒤에 모여서 실컷 먹자'고 하셨습니다. 우리는 마음속으로 받아들이지 않았으나 마침내 이겼습니다. 이건 무슨 전술입니까?"

한신이 대답했다.

"이 또한 병법에 있는데, 여러분이 알아차리지 못했을 뿐이오. 병법에 '죽을 곳에 빠뜨린 뒤라야 비로소 살릴 수 있고, 망할 곳에 둔 뒤라야 비로소 망하지 않을 수 있다'는 말이 있지 않소? 내 이번에 오합지졸들을 거느리고 싸우게 되었으니, 그 형세가 병사들을 죽을 땅에 두어야만 했소. 만약 저마다 자신을 위해 싸우게 하지 않고 살 수 있는 곳을 미리 준다면 모두 달아날 게 뻔한데, 어찌하겠소?"

장수들 모두 탄복했다.

장수들은 "산과 언덕을 오른쪽으로 하여 등지고, 물과 못을 앞으로 하여 왼쪽에 두라"는 병법의 원칙을 단순히 외고 있었던 인물들이다. 그러했으므로 상황에 따른 변용을 할 수가 없었다. 반면, 한신은 자유자재로 병법을 운용했다. 그가 언급한 "죽을 곳에 빠뜨린 뒤라야 비로소 살릴 수

있고, 망할 곳에 둔 뒤라야 비로소 망하지 않을
수 있다"는 말은 『손자병법』「구지(九地)」편의 "죽
을 곳에 내던져진 뒤에야 존속하고, 죽을 곳에 빠
져본 뒤에야 살아날 수 있다"(投之亡地然後存, 陷之
死地然後生)는 대목에서 나왔다. 한신도 병법을 익
힌 셈이다. 다만 기(奇)의 요체를 터득했느냐 하는
점에서 다른 장수들과 아주 달랐다.

이렇듯 배수진은 병법을 좀 익혔다고 해서 내놓
을 수 있는 전술이 결코 아니다. 이는 수많은 요
소들을 두루 파악한 뒤에야 내놓을 수 있는 전술
이다. 한신은 먼저 적의 수와 군세, 적장의 능력과
성격, 지형과 지세, 적이 구사할 만한 전술 따위를
먼저 파악하고 심사숙고한 뒤에 자신의 군대 수
준과 승리 가능성 따위를 냉철하게 판단했다. 가
령 자신은 오합지졸을 거느리고 적의 주력 군대
와 맞서야 한다는 것, 적은 수적으로 우세할 뿐만
아니라 성을 지키고 있다는 것, 게다가 적에게도
뛰어난 전략가(이좌거)가 있다는 것, 정형으로 가
는 길은 매우 좁아서 수레 두 대가 나란히 갈 수
없다는 것, 군량미 수송대가 뒤에 있어서 자칫하
면 본대와 끊어질 수도 있다는 것 따위를 두루 헤

아리지 않으면 안 되었다. 형세는 언제 어떻게 변할지 모른다. 미리 전략을 짜고 전술을 마련했더라도 형세가 일변하면 과감하게 수정할 수도 있어야 한다. 병법의 정칙만 고집해서는 끝내 패배를 맛볼 뿐이다.

이좌거의 계책을 쓰지 않은 성안군은 조괄이나 마속과 같은 부류이며, 대부분의 유자들이 가진 고지식한 성격을 그대로 보여주는 인물이기도 하다. 물론 유자들을 정도만 고수하는 존재로 여기는 것은 편견이고 오해다. 유가에서 강조하는 예(禮)도 상대가 누구며 어떠한 상황이냐에 따라 알맞게 처신하는 것이지, 예서(禮書)에 적힌 대로 따르기만 하는 것이 아니다. 공자가 말한 '시중(時中)'이 바로 그런 뜻을 담고 있다. 상황에 알맞게 행동하는 것이 바로 시중이기 때문이다.

어쨌든 이렇게 전쟁에서는 기발하고 기묘한 계책을 자유자재로 쓸 수 있어야 이긴다. 마찬가지로 정치나 통치에서도 상황 변화를 잘 파악하고 그에 따라 정책을 수립하고 실행해야 한다. 그렇다고 정칙을 소홀히 해서는 안 된다. 기(奇)가 아무리 승리를 보장한다고 해도 결국 정(正) 위에서 이루어지기 때문이다. 앞서 인용한 『손자병법』의 "기와 정은 서로 북돋아주어 마치 둥근 고리처럼 끝이 없다"는 말에도 그런 뜻이 담겨 있다.

문제에 맞닥뜨리면 먼저 멈추어라

그런데 왜 이렇게 장황하게 기(奇)에 대해 이야기하는가? 우리가 살면서 늘 겪는 괴로움이나 두려움은 대부분 이렇게 '기'를 써야 할 때 '기'를 쓰지 못하는 데서 비롯되기 때문이다. 학교에서 시험을 칠 때는 문제의 범위나 성격이 대체로 정해져 있다. 그러나 살면서 겪는 문제는 범위가 한정되어 있지 않으며 어떤 성격의 문제일지도 거의 예측할 수 없다. 한마디로 우리 자신은 예측불능(豫測不能)이고, 문제는 예측불가(豫測不可)다.

『설원(說苑)』「봉사(奉使)」에 나오는 이야기다.

제나라의 안자(晏子) 곧 안영(晏嬰)이 초나라에 사신으로 가게 되었는데, 초나라 왕이 그 소식을 듣고는 좌우 신하들에게 말했다.

"안자는 현자라고 하는데, 이제 이 나라에 온다니 그를 한번 골탕 먹이고 싶소. 어떻게 하면 되겠소?"

신하들이 대답했다.

"그가 오면 신들이 한 사람을 결박하여 왕의 앞을 지나가게 하겠습니다."

이리하여 초나라 왕과 안자가 서서 이야기를 나누고 있을 때, 한 사람이 결박된 채 왕의 앞을 지나가게 되었다. 왕이 물었다.

"어떤 사람인가?"

"제나라 사람입니다."

"무슨 죄를 지었는가?"

"도둑질했습니다."

"제나라 사람은 본디 도둑질을 잘하는 모양이지?"

안자가 돌아보며 이렇게 말했다.

"강남에 귤이 있다기에 제나라 임금이 사람을 시켜 구해서는 장강 북쪽에 심었더니 귤이 나지 않고 탱자만 열렸습니다. 어째서 그렇게 되었겠습니까? 땅이 그렇게 만든 것입니다. 이제 제나라 사람이 제나라에 살 때는 도둑질하지 않더니, 초나라에 와서는 도둑질을 하고 있으니, 땅이 그렇게 만든 것이 아니겠습니까?"

초나라 왕이 말했다.

"내가 그대를 골탕 먹이려다가 도리어 내가 당했소이다!"

여기서 나온 성어가 '南橘北枳(남귤북지)'다. 다른 나라의 사신을 일부러 골탕 먹이는 일은 외교적 관례에서 벗어나는 일이지만, 언제 어떤 상황에서도 예의를 잃지 않고 대응해야 하는 것이 또한 사신의 임무다. 이를 잘 알고 있던 안영은 "강남의 귤을 강북에 심으면 탱자가 된다"는 말로써 차분하게 맞받아쳤다. 흔히 "귤이 회수를 건너면 탱자가 된다"고 표현하기도 하는데, 사람은 그 환경에 따라 착하게 되기도 하고 나쁘게 되기도 한다는 뜻이다. 이렇게 작물이 환경에 따라 달라지는 특성을 비유로써 활용한 대답에 초나라 왕은 된통 혼이 났다.

대체로 예측하지 못한 문제에 봉착했을 때, 참으로 난감한 처지에 놓였을 때, 대부분의 사람들은 머뭇거리거나 허둥대다가 적절하게 대응하지 못한다. 그러고서는 또 일을 그르쳤다는 생각에 걱정과 두려움에 떤다. 상대가 전혀 엉뚱하게 행동하거나 반응하여 그 의중을 가늠하기 어려울 때도 어찌할 바를 몰라 쩔쩔맨다. 밑도 끝도 없이 해대는 욕설이나 비난을 들으면 곧바로 화가 치밀어 오르거나 억울해 한다. 오해 받아서 일이 꼬였거나 다른 사람과 관계가 뒤틀렸을 때는 만사가 귀찮아지고 사람이 싫어지기까지 한다. 그런 때에는 그저 그렇게 일어나는 마음을 그대로 두어야 하는가? 그렇게 해도 편안하다면 그렇게 해도 되겠지만, 그럴 수 있는 사람은 거의 없다. 그렇다면 돌파구를 마련하고 해결책을 찾아내야 한다. 그때 먼저 해야 하는 것이 바로 '일단 멈춤'이다.

다시 '지지이후유정(知止而后有定)'을 보자. "멈출 줄 안 뒤에야 차분해진다"는 뜻이다. 여기서 '지(止)'는 "멈춘다"는 뜻으로, "머문다"는 뜻으로 쓰이는 '지어지선(止於至善)'의 '지'와는 다르다. 생각해 보라. 머물 곳인지, 머물 만한 곳인지를 모르는 상황인데, 어찌 머문다고 말할 수 있겠는가? '려이후능득(慮而后能得)' 곧 "제대로 생각한 뒤에야 깨달을 수 있다"로 끝나는 이 구절에서는 머물 곳, 머물기에 알맞은 곳이 어딘지를 찾아가는 과정을 말하고 있다. 이미 머물 곳을 안 뒤에 어떻게 머물러야 하는지를 말하고 있는 것이 아니다.

걱정이나 두려움, 당혹스러움, 억울함, 분노 따

위가 일어나는 때, 그런 때에는 어떻게 해야 할 것인가? 멈추어라! 일단 멈추어라! 흔히 "심호흡 한 번 해봐!"라고 하는 말이 이것이다. 평정심을 되찾기 위해서 멈추어야 한다. 그러나 그냥 멈추는 것이 아니다. 멈추어야 한다는 것을 알고 멈추어야 한다. 그래야 다음 단계로 나아갈 수 있다. 억지로 멈추기만 해서는 마음이 가라앉거나 차분해지지 않는다. 멈추어야 한다는 것을 알아야만 비로소 차분해질 수 있다. 그래서 '지지이후유정'이다.

"멈출 줄 안다"는 말은 맞닥뜨린 상황을 '있는 그대로' 인정한다는 뜻이다. 자신은 이 상황에 곧장 대응할 마음가짐도 되어 있지 않고 이 문제를 해결할 능력도 모자란다는 사실을 냉철하게 인정한다는 뜻이다. 문제나 상황을 제대로 인식하거나 인정하지 않고서 어떻게 해법을 찾고 돌파구를 마련할 수 있겠는가? 문제나 상황을 그대로 인정하면 자신의 무능력이나 나약함을 드러내는 것이라 생각해서 부정하거나 숨기려는 사람들이 많다. 그것은 부질없는 짓이다. 상황 자체가 이미 그런 자신을 고스란히 보여준 것 아닌가?

어떻게 해서 대인이나 현자, 성인이 되는가? 가

슴이 쓰려도 인정하고 자신을 돌아보기 때문이다. 자신들이 무슨 일이든 다 할 수는 없다는 사실, 얼마든지 난처한 지경에 빠질 수도 있다는 사실을 잘 안다. 스스로 어려운 지경에 빠지지 않지만, 자신이 바라지 않던 지경에 이르더라도 피하지 않고 받아들일 줄 안다. 이것이 '멈출 줄 아는 것'이니, 멈추어야 할 때를 알고 멈추는 것은 지혜요 용기다.

멈출 줄 알고 멈추어야만 마음이 차분해질 수 있다. 억지스럽게 멈추기만 하면, 마음이 가라앉는 것도 잠시뿐이고 곧 다시 마음은 분탕질을 친다. 오히려 더욱더 어지러워지면서 답답함만 더해진다. 그러다보면, 맞닥뜨린 상황을 회피하려 하거나 다른 누군가를 또는 세상을 탓하며 불평을 늘어놓게 된다. 그게 아니면, 자신을 도닥거려줄 누군가를 허위허위 찾거나. 어쨌든 마음은 들썩이고 생각은 갈피를 잡지 못하니, 고요해지기 어렵다. 따라서 멈출 줄 알고 멈추어야 차분해지고 이어 고요해진다. 이것이 '정이후능정(定而后能靜)'이다.

고요해진다는 것은 몸도 마음도 바깥 사물이나 현상에 영향을 받지 않음을 의미한다. 일단은 자신을 잡도리할 수 있게 되었다는 뜻이다. 자신을 잡도리하게 되니, 편안해지지 않겠는가? '정이후능안(靜而后能安)'에 담긴 뜻이 이것이다. 누구나 다 그렇지만, 마음이 편안해야 자신도 대상도 제대로 보고 사태를 한결 분명하게 인식할 여지가 생긴다. 그래서 '안이후능려(安而后能慮)' 곧 "편안해진 뒤에야 제대로 생각한다"고 말한 것이다.

제대로 생각하게 되면, 그제야 사물의 본말(本末)과 종시(終始), 즉 무엇이 뿌리고 무엇이 곁가지며 우듬지인지를 구분할 수 있고 또 이런 문제가 어떻게 해서 일어났는지를 오롯이 파악하게 된다. 이렇게 본말과 종시를 알게 되면, 무엇을 먼저 하고 무엇을 나중에 할 것인지를 깨닫는 일은 자연스럽게 뒤따른다. '려이후능득(慮而后能得)'이 그런 뜻이다. 이어지는 1-3에서 본말과 종시, 선후를 거론한 것도 이런 맥락에서 이해해야 한다.

덧붙이자면, 여기서 말하는 득(得)은 일차적으로는 깨달음을 뜻하지만, 동시에 덕(德)을 뜻하기도 한다는 사실이다. 득은 무엇이 마땅한지를 알고 깨닫는 것이기도 하므로 그렇게 알고 깨달은 것이 그대로 내면에 쌓여서 덕이 된다. 따라서

102

1-1에서 사람의 본바탕인 밝은 덕을 밝히는 일이 긴요하다고 한 말을 이어 받아서 구체적으로 어떻게 하는 것이 마땅한지를 1-2에서 보여준 셈이 된다. 그리고 다시 1-3에서는 득의 구체적인 내용인 본말과 종시, 선후에 대해 이야기하고 있다.

1-3

物有本末, 事有終始, 知所先後則近道矣

온갖 것에는 뿌리와 우듬지가 있고, 온갖 일에는 마침과 처음이 있으니, 앞서 할 것과 뒤에 할 것을 잘 알면 길에 가까워진다.

注釋　물(物)은 존재하는 것들, 사람과 짐승 및 갖가지 물건들을 아울러 가리킨다. 흔히 만물(萬物)이라 하면, 사람을 포함한 온갖 것들을, 때로는 사람을 뺀 나머지 모든 것들을 두루 일컫는다. 사(事)는 사건, 사태, 생업 따위 사람의 행위로 말미암아 일어난 일들, 나아가 하늘과 땅 어디에서나 벌어지는 일들을 가리킨다.

蛇足　　대개 덕을 갖추면 윤리적으로 어긋남이 없거나 도리를 따라 사는 것쯤으로 아는데, 그것은 좁은 소견이요 짧은 생각이다. 심지어는 규정된 예법에 따라 말하고 행동하는 것이 곧 덕인 것처럼 여기기도 하는데, 이쯤이면 심각한 곡해라 해도 과언은 아니다. 덕은 윤리적인 성품만이 아니라 다양한 상황 속에서 맞닥뜨리게 되는 문제들을 해결하는 실질적인 능력까지 포함한다. 만약 실질적인 능력이 배제된 덕이라면, 그 덕은 단순히 순진함을 뜻할 뿐이다. 순진함이 덕은 아니다.

덕과 득(得)이 통한다는 것은 사람이 살아가는 데 긴요하고 또 필요하다고 여겨서 얻은 여러 가지 품성이나 능력이 그대로 덕이라는 뜻이다. 바로 그 덕으로써 판단해야 하는 것이 뿌리와 우듬지고, 마침과 처음이며, 앞서 할 것과 뒤에 할 것을 아는 일이다.

뿌리와 우듬지

온갖 것에는 뿌리와 우듬지가 있다는 말은 그 둘을 잘 가려내는 것이 긴요하다는 뜻이다. 왜 이 둘을 가려내야 하는가?

우듬지는 뿌리를 강하게 만들 수 없고, 가지는 줄기보다 굵을 수 없으니, 위가 무겁고 아래가 가벼우면 반드시 쉽게 뒤집어진다. ―『문자』「상덕」
(末不可以强于本, 枝不可以大于幹. 上重下輕, 其覆必易. ―『文子』「上德」)

고대 중국인들은 식물, 특히 나무를 주요한 상징으로 썼음을 잘 엿볼 수 있다. 나무는 뿌리가 깊이 내리고 튼튼해야 한다. 나무가 높이 솟으려면 그 줄기가 굵어야 하는데, 그만큼 길고 굵게 깊이 뿌리가 내려야 한다. 줄기가 뿌리를 굵고 강하게 만드는 것이 아니라, 뿌리가 그 줄기를 더 굵고 높게 만든다. 하물며 그 줄기의 끝에 있는 우듬지가 어찌 뿌리를 강하게 만들겠는가? 뿌리가 우듬지보다 중요한 까닭은 여기에 있다. 마찬가지로 온갖 것들에는 이렇게 뿌리에 해당하는 것이 있고 우듬지에 해당하는 것이 있으니, 이를 가릴 줄 알아야 한다.

그러면 유가에서는 무엇을 뿌리라 하고 무엇을 우듬지라 하는가? 유가 학파를 연 공자의 사상을 논할 때면 반드시 '예악(禮樂)' 곧 예의와 음악을 말하는데, 그것은 치도(治道)의 주요한 수단이면서 치란(治亂)의 여부를 보여주는 표지다. 『예기』「악기(樂記)」에서는 "음악은 사람들을 같아지게 하고, 예의는 사람들을 다르게 한다"(樂者爲同, 禮者爲異)라고 했는데, 이는 음악이 사람들을 화합시켜주고 예의가 사람들의 나이와 신분, 지위에 따라 구별 짓는 구실을 한다는 뜻이다. 또 예의는 없고 음악만 있다면 음란과 방종으로 흐르고, 음악은 없이 예의만 강조한다면 딱딱해지고 각박해진다. 이는 제대로 다스려지지 않음을 의미한다. 그래서 『예기』「예기(禮器)」에서는 "그 예의와 음악을 잘 살피면 다스려지는지 어지러운지 알 수 있다"(觀其禮樂, 而治亂可知也)고 말했다.

이렇게 예의와 음악은 유가의 정치에서 매우 중요한데, 그렇다고 이것이 뿌리는 아니다. 이는 우듬지에 불과하다.

> 선왕이 예의를 세울 때, 뿌리를 두고 무늬를 갖추
> 었다. 참됨과 미쁨은 예의의 뿌리고, 알맞은 행동
> 의 결은 예의의 무늬다. 뿌리가 없으면 제대로 서
> 지 못하고, 무늬가 없으면 제대로 실행되지 않는
> 다. ─『예기』「예기」
> (先王之立禮也, 有本有文. 忠信, 禮之本也; 義理, 禮
> 之文也. 無本不立, 無文不行. ─『禮記』「禮器」)

예의의 뿌리는 참됨과 미쁨이라 했다. 그러나 참됨과 미쁨만 예의의 뿌리가 아니다. 참됨과 미쁨은 모든 덕목을 대표하여 거론된 것일 뿐이다. 따라서 덕이 곧 예의의 뿌리라는 뜻이다. 그러니 인(仁), 의(義), 경(敬), 신(愼), 신(信) 따위가 모두 예의의 뿌리고 음악의 뿌리다. 그 모든 덕목을 싸잡아서 인(仁)이라 하기도 한다.『논어』「팔일(八佾)」편에서 공자가 "사람이 되어서 어질지 못한데, 예의는 차려서 무엇 하겠는가? 사람이 되어서 어질지 못한데 음악을 갖춘들 무엇 하겠는가?"(人而不仁, 如禮何? 人而不仁, 如樂何?)라고 한 말에도 이런 뜻이 담겨 있다.

『좌전』「노소공(魯昭公) 5년」에 다음 이야기가 나온다.

노나라 소공이 진(晉)나라로 가게 되었는데, 그는 진나라 교외에서 위로를 받는 일부터 진나라 군주에게 예물을 바치는 일에 이르기까지 예의를 잃지 않았다. 이에 진나라 군주가 여숙제(女叔齊)에게 물었다.

"노나라 군주는 예의에 밝지 않소?"

"노나라 군주가 어찌 예의를 알겠습니까!"

"어째서 그렇소? 교외에서 위로를 받는 일부터 예물을 바치는 일에 이르기까지 어긋남이 없었는데, 어째서 그렇게 말하는지 모르겠구려."

"그것은 의식(儀式)이지 예의라고 할 수는 없습니다. 예의는 나라를 지키고 정령(政令)을 제대로 실행하며 그 백성을 잃지 않게 하는 근본입니다. 그런데 지금 노나라의 정령이 대부의 가문에서 나오는데도 되찾지 못하고 있고, 현명한 자가기(子家羈)가 있음에도 등용하지 못하고 있습니다. 또 대국과 맺은 맹약을 어기고 소국을 침범하며 괴롭히고, 다른 나라의 환난을 이롭게 여기면서 자기 나라의 환난은 모르고 있습니다. 제후의 군사가 넷으로 나누어져 맹손씨·숙손씨·계손씨 세 집안에서 장악했고, 백성이 그들에 기대 살고 있습니다. 누구도 군주를 생각하지 않아 그 끝이 어찌 될지 헤아릴 수 없습니다. 한 나라의 군주가 되어 환난이 자신에게 미치려 하는데도 이를 걱정조차 하지 않고 있습니다. 예의의 본말(本末)이 여기에 있는데도 자질구레한 의식을 익히는 데만 서두르고 있습니다. 그러니 예의를 잘 지킨다는 것과는 멀지 않겠습니까?”

여숙제야말로 예의의 본말이 무엇인지를 잘 알고 있었던 인물이다. 노나라는 주 왕조의 창업뿐만 아니라 수성(守成)에도 큰 공을 세우고 또 왕조의 기틀이 되는 문물과 제도를 정비한 주공(周公)에게 내려진 봉국(封國)으로, 대대로 주나라 왕실과 대등한 대우를 받았던 제후국이다. 그것은 노나라가 예악의 정수를 간직한 나라임을 의미한다. 그러나 노나라 소공에게서 볼 수 있듯이 군주가 정령과 군사를 모두 대부 집안에 빼앗기고 백성의 마음조차 잃어버린 상황에서는 아무리 예의를 차린들 허울뿐인 의식에 지나지 않는다.

예의가 한낱 의식으로 전락해버린 것은 공자가 말했듯이 어짊이나 올바름 같은 뿌리가 없어서다. 예의와 덕성 둘을 두고 말한다면, 덕성이 뿌리가 되고 예의는 줄기가 된다. 사실 덕성은 정치나 외교, 군사 문제에서 두루 뿌리 구실을 한다고 해도 과언이 아니다. 무력으로 천하를 통일한 진시황이 태산을 비롯한 여러 산에 세운 비석에도 어짊과 올바름, 지혜 따위 도리를 강조하는 내용이 새겨져 있다. 비석의 글들은 모두 승상인 이사(李斯)의 작품인데, 이사가 순자의 제자라는 점을 생각하면 기이한 일도 아니다.

이사가 손경자(순자)에게 물었다.
"진나라는 4대에 걸쳐 싸움에 이겨 군사력이 세상에서 가장 강하고 제후들 사이에서 위세를 떨치고 있는데, 어짊과 올바름으로 그렇게 한 것이 아니라 편의대로 일을 처리했을 따름입니다."
손경자가 대답했다.
"그건 네가 알 수 있는 게 아니다. 네가 말하는 편의란 참된 편의가 아닌 편의고, 내가 말한 어짊과 올바름이 크나큰 편의다. 저 어짊과 올바름은 정치를 잘 닦는 바탕이다. 정치가 잘 닦여지면 백성이 그 임금을 가까이하고 그 군주를 좋아하며 그를 위해 기꺼이 죽는다. 그래서 '모든 일은 군주에게 있고, 장수는 우듬지가 되는 일을 한다'고 말한다. 진나라가 4대 동안 싸움에 이기기는 했지만, 늘 천하 제후들이 하나가 되어 자기를 짓밟지 않을까 두려워하고 있다. 이는 이른바 말세의 군대여서 뿌리가 되는 가닥이 없기 때문이다. 옛날 탕왕이 폭군 걸을 내쫓은 것은 그를 쫓아서 명조까지 갔을 때가 아니고, 무왕이 폭군 주를 친 것은 갑자일 아침에 싸워서 이겼을 때가 아니다. 모두 그 전부터 평소에 잘 다스렸기 때문에 그렇게 된 것이니, 이것이 이른바 어짊과 올바름의 군대다. 이제 너는 뿌리를 구하지 않고 우듬지를 찾고 있으니, 이것이 세상이 어지러워지는 까닭이다."—『순자』「의병」

(李斯問孫卿子曰: "秦四世有勝, 兵強海內, 威行諸侯, 非以仁義爲之也, 以便從事而已." 孫卿子曰: "非女所知也. 女所謂便者, 不便之便也; 吾所謂仁義者, 大便之便也. 彼仁義者, 所以脩政者也. 政脩則民親其上, 樂其君, 而輕爲之死. 故曰, '凡在於君, 將率末事也.'

秦四世有勝, 諰諰然常恐天下之一合而軋己也. 此所
謂末世之兵, 未有本統也. 故湯之放桀也, 非其逐之鳴
條之時也; 武王之誅紂也, 非以甲子之朝而後勝之也.
皆前行素脩也, 此所謂仁義之兵也. 今女不求之於本
而索之於末, 此世之所以亂也."－『荀子』「議兵」)

마침과 처음

『설원』「변물(辨物)」에 다음의 이야기가 나온다.

조간자(趙簡子)가 적(翟)나라에서 온 봉도(封荼)
에게 물었다.

"적나라에서 사흘 동안 곡식이 비처럼 내렸다고
하던데, 사실이오?"

"사실입니다."

"또 사흘 동안 피가 비처럼 내렸다고 하던데, 사
실이오?"

"사실입니다."

"또 말이 소를 낳고 소가 말을 낳았다고 하던데,
그것도 사실이오?"

"사실입니다."

그러자 조간자가 탄식했다.

"대단하구나, 요사(妖邪)한 일이 나라를 망하게
할 정도로구나!"

이에 봉도가 대답했다.

"곡식이 사흘 동안 비처럼 내린 것은 회오리바
람에 날아올랐던 곡식이 내린 것이고, 피가 사흘
동안 비처럼 내린 것은 독수리가 잡아챈 짐승이
하늘에서 흘린 피고, 말이 소를 낳고 소가 말을
낳은 것은 뒤섞어서 기른 탓입니다. 이는 적나라
의 요사한 일이 아닙니다."

조간자가 다시 물었다.

"그렇다면 적나라의 요사한 일은 무엇이오?"

봉도가 대답했다.

"나라가 자주 흐트러지고, 군주는 어리고 약하
며, 여러 경(卿)들은 대부들과 재물로써 한통속이
되어 녹봉과 작위를 요구하고, 모든 관리들은 함
부로 일을 처리해 놓고 알리지도 않으며, 정령은
끝까지 실행되지 않은 채 자주 바뀌고, 선비들은
간교하게 탐욕부리며 원망을 품고 있습니다. 이
것이 적나라의 요사한 일입니다."

은허(殷墟)에서 발굴된 다량의 갑골문(甲骨文)
을 통해 알 수 있듯이 상(商) 왕조는 국가의 중대

사를 대부분 점을 쳐서 결정했다. 한마디로 점복(占卜)의 왕조로서, 종교적 성향이 아주 강했다. 반면에 주(周) 왕조는 문물과 제도를 새롭게 정비하면서 인문적 성격이 강했다. 말하자면, 좀 더 합리적이고 이성적으로 사유했다고 할 수 있다. 그럼에도 통치자나 귀족들이 모두 오롯이 이성적이고 합리적이었다고 말하기는 어렵다. 오히려 위의 이야기에 나오는 조간자처럼 사고하는 것이 일반적이었다.

사실 봉도처럼 어떤 사태나 사건, 특히 정치적인 문제를 냉철하게 논리적으로 분석하고 합리적으로 판단하는 인물은 예나 이제나 드물다. 그런 점에서 『대학』의 '사유종시(事有終始)'는 결코 단순하게 볼 수 없는 구절이다.

그런데 왜 시종(始終)이라 하지 않고 종시(終始)라 했을까? 아마도 시작보다 끝맺음을, 처음보다 마침을 중요하게 여겼기 때문이리라. "시작이 반이다"고 하는 말처럼 대체로 시작에 무게를 많이 둔다. 물론 시작조차 쉽지 않다는 것을, 그래서 시작에 의의를 크게 두었다는 것을 의미하는데, 바로 이 때문에 잘 끝맺고 마치는 일은 더욱 쉽지 않고 또 잘하지 못한다고 할 수 있다. 그래서 끝맺음이나 마침을 앞에 내세운 것이 아닐까?

또 사람의 일이란 끝맺었다고 해서 끝이 아니다. 그가 죽기 전에는 늘 새로운 일이 시작되기 마련이다. 죽음이야말로 몸이 썩어가는 것 말고는 더 이상 자신에게 어떠한 일도 일어나지 않게 하는 사태다. 살아 있는 한, 늘 무슨 일이 생기거나 또 무슨 일을 하게 마련이다. 게다가 다양한 사람들과 관계를 맺으면서 살아갈 수밖에 없으므로 그 자신이 시작하지 않았음에도 해야만 하는 일, 마무리를 지어야 하는 일이 있게 마련이다.

시작을 스스로 한 게 아니더라도 자신이 잘 추스르고 제대로 매조져야 하는 경우도 얼마든지 있다. 자신이 시작한 일이 아니라고 해서 내버려두었다가는 도리어 자신이 할 일, 하고 싶은 일을 시작하지 못할 수도 있다. 자신과 관련된 일이라면 어떤 방식으로든 자신에게 영향을 끼치게 마련이며, 심지어는 자신의 삶을 좌지우지할 수 있기 때문이다. 이러하므로 매조지거나 끝맺는 일, 곧 마침을 분명하게 하는 일이 무엇보다도 중요하다.

『관자』「정세(正世)」에서 "성인이란 다스림과 어지러움의 도에 밝고 일의 마침과 처음에 익달한 사람이다"(聖人者, 明於治亂之道, 習於人事之終始者也)라고 말했다. 이처럼 일의 마침과 처음을 잘 아는 것은 성인의 자격이 될 정도다. 살아 있는 한에는 일을 피할 수 없다는 것, 전혀 예기치 못한 일을 곧잘 맞닥뜨리게 된다는 것, 피해서 될 만한 상황은 거의 없다는 것을 생각하면, 마침과 처음의 이치를 터득하지 않고서는 삶이 고달파질 수밖에 없다. 더구나 정치에서는 수많은 일을 꾀하므로 잘 매조지는 것이 긴요하며, 앞선 사람이 벌인 일을 뒷사람이 처리하고 마무리해야 하는 경우도 비일비재하다. 군주의 정치에서든 민주주의 정치에서든 정치가 그 나라 모든 사람들의 삶에 결정적 영향을 끼친다는 점을 감안하면, 『대학』이 마침과 처음을 강조한 것은 탁월하다.

> 반드시 일에 앞서 깊이 헤아려야 하고, 지극한 마음으로 거듭 생각해야 한다. 처음처럼 삼가며 마쳐서 마침과 처음이 한결같아야 한다. 이것을 크나큰 길함이라 한다. ─『순자』「의병」

(慮必先事而申之以敬. 愼終如始, 終始如一, 夫是之謂大吉. ―『荀子』「議兵」)

　비록 군사에 관한 일로써 한 말이지만, 정치에서도 통용되는 원칙이다.『관자』에서는 '일의 처음과 마침에 익달한 사람'을 성인이라 했고, 여기서는 '마침과 처음이 한결같음'을 크나큰 길함이라 했다. 둘은 서로 통하는데, 마침과 처음에 익달하여 한결같이 처신하는 일이 참으로 어렵다는 사실을 알려준다. 그러나 어렵기는 해도, 할 수 없는 일은 아니다. 순자가 말했듯이 "처음처럼 삼가면" 된다. 문제는 삼가는 마음을 자칫 놓치기 쉽다는 데 있다.

　『관자』의 주인공인 관중은 중국 역사상 가장 탁월한 정치가로 일컬어진다. 그것은 그가 주 왕실이 흔들릴 때 제(齊)나라 환공(桓公)을 섬기며 부국강병을 이루고 환공을 춘추시대 최초의 패자(覇者)로 만들어 천하의 질서를 잠시나마 바로잡았기 때문이다. 그런 그가 펼친 정치와 행정, 군사와 법률 따위의 원칙과 방법론을 담고 있는 책이『관자』다.

관중은 본래 제나라의 공자 규(糾)를 섬겼고, 그의 벗인 포숙아는 공자 소백(小白)을 섬겼다. 제나라에 변란이 일어나자 규와 소백은 각자 노(魯)나라와 거(莒)나라로 달아나 후일을 도모했다. 곧이어 제나라 군주가 대부의 손에 죽는 일이 벌어지면서 군주의 자리가 비게 되었다. 이때 공자 규와 소백은 서로 먼저 제나라 도성으로 들어가서 군주의 자리에 오르려 다투었다. 제나라에서 가까운 거나라에 있던 소백이 먼저 도착하여 보위에 올랐으니, 그가 바로 환공이다. 한발 늦은 공자 규는 제나라의 압력을 받은 노나라 군주에 의해서 죽임을 당했다. 이때 관중과 함께 공자 규를 섬기던 소홀(김忽)은 주군과 의리를 지키기 위해 자결했으나, 관중은 죽음을 선택하지 않았다. 해야 할 큰일이 있다고 여겼기 때문이다. 이윽고 관중은 포숙아의 계책으로 무사히 제나라로 돌아와서 환공을 알현하고 발탁되었다.

처음에 환공은 관중을 기용하는 일을 탐탁지 않게 여겼다. 당연한 일이다. 경쟁자였던 규를 섬기며 자신을 죽이려 했던 인물이기 때문이다. 그러나 포숙아의 적극적인 권유와 설득으로 환공은 생각을 바꾸었다. 『사기』 「제태공세가(齊太公世家)」를 보면, 포숙아는 이렇게 말했다.

"저는 다행히도 군주를 섬기게 되었고, 군주께서 마침내 즉위하셨습니다. 군주께서는 이미 높게 되셨는데, 저로서는 더 높여드릴 수가 없습니다. 군주께서 앞으로 제나라를 다스리려 하신다면 고혜(高傒)와 저 포숙아로 충분할 것입니다. 그러나 패왕(覇王)이 되려 하신다면 관중이 없어서는 안 됩니다. 관중이 사는 나라는 반드시 그 위세가 커질 것이니, 그를 놓치면 안 됩니다."

실제로 포숙아가 이렇게 말했는지는 확인할 수 없다. 『관자』 「대광(大匡)」편을 보면, 환공은 패왕이 되는 목표를 가진 적이 없고 사직을 안정시키는 것에서 만족하려 했다고 한다. 환공 이전에는 패왕이 없었고 또 제나라가 오랫동안 혼란했다는 점을 감안하면, 『관자』의 내용이 더 타당해 보인다. 그러나 어느 쪽이 진실이든 간에 중요한 것은 환공이 관중을 기용해서 크게 썼다는 사실이며, 그뿐만 아니라 포숙아를 비롯해서 영척(寧戚), 습붕(隰朋), 빈서무(賓胥無) 등 현명한 신하들을 기용하고 또 널리 인재를 찾아서 적절한 자리에 앉

혀 사직을 안정시키고 나아가 패자가 되어 천하를 호령했다는 사실이다.

그런데 환공의 주위에는 군주를 가까이에서 모시려고 스스로 거세한 수조(豎刁), 자식을 삶아서 군주에게 먹인 역아(易牙), 친족과 인연을 버리고 제나라로 온 개방(開方) 같은 소인배도 있었다. 그러나 관중을 비롯한 현명한 신하들이 정치를 맡아서 제나라를 이끌어간 동안에는 환공도 그들의 아첨에 휘둘리지 않았다. 소인배들이 있지도 않은 일을 들먹이며 관중을 헐뜯을 때도 관중을 믿고 두둔했을 정도다.

그렇지만 관중이 죽은 뒤, 환공의 판단은 급속히 흐려졌다. 저 소인배들을 처음에는 멀리했으나, 결국 가까이 두었다. 그러자 그들 각자는 여러 공자들을 서로 끼고 권력 다툼을 벌였으며, 그로 말미암아 환공 자신도 침실에 갇혀서 굶어죽는 지경에 이르렀다. 공자들이 서로 권력을 차지하느라 여념이 없는 동안에 환공의 주검은 두 달 동안 침상에 그대로 내버려진 채 썩어서 구더기가 나올 지경이었다고 한다. 중원을 호령하던 패왕의 최후치고는 참으로 처참했다. 그리고 관중이 건재하던 30여 년 동안 모든 제후국들 위에서 군림하던 제나라는 이내 내홍을 겪었다.

환공은 보위에 오른 뒤로 과감하게 인재를 발탁하여 일을 맡겼으며, 소인배들에게 휘둘리지도 않았다. 그만큼 사람을 보는 눈, 지인지감(知人之鑑)이 있었다. 그런데 어찌하여 관중이 죽은 뒤에는 그토록 허망하게 소인배들의 농간에 놀아나게 되었을까? 자신도 모르는 새에 그들의 아첨에 오래도록 젖어 있었기 때문일까? 환공이 죽을 때 나이가 일흔 셋이었다고 하는데, 노망이 들었던 것일까? 아니면, 환공이 진즉에 후사를 정해놓지 않았기 때문일까? 그 이유가 무엇이든 간에 처음처럼 끝을 삼가지 못하고 스스로 마무리를 제대로 하지 못한 것은 오롯이 환공 자신의 잘못이다.

한편, 환공이 우여곡절 끝에 보위에 올라 관중을 기용함으로써 생각지도 못한 패왕의 위치에 오르게 된 것 자체에 이미 언젠가 패왕의 자리에서 내려와야만 한다는 이치도 담겨 있었다고 보아야 한다. 돌고 도는 것이 자연의 법칙이듯이 인간사 또한 그 법칙에서 벗어나지 못한다. 마침이 있으면 당연히 처음이 있고, 처음이 있으면 마침이 있는 법! 순자가 처음처럼 삼가야 한다고 말한 까닭도 여기에 있으리라. 누구에게나 무슨 일에나 마칠 때, 끝날 때가 오기 마련인데, 어찌 삼가지 않을 수 있겠는가.

사람의 욕심으로야 언제나 승승장구하며 호황을 누리고 번성하기를 바라지만, 그런 욕심이 도리어 초심을 잊게 만들고 삼가는 마음을 가려버려서 탐욕에 빠지게 한다. 탐욕은 그릇된 길로 이끌어 그 말로를 비참하게 만들거나 쇠망을 앞당기는 구실을 한다. 이는 역사가 한결같이 일깨워주는 진실이다. 그러므로 하찮게 여겨지는 일상의 일에서 천하를 경영하는 일까지 간과해서는 안 되는 것, 그것은 마침과 처음이 끊임없이 이어져 있다는 이치다.

갖가지 것을 잘 견주어서 뒤섞여 있는 일을 처리하고, 하나로 꿰뚫어서 만 가지 일을 처리한다. 처음이 있으면 마침이 있고, 마침이 있으면 처음이 있으니, 마치 옥고리처럼 끝이 없다. 이 이치를 버려두면 천하는 이울게 된다. 하늘과 땅은 태어남의 처음이고, 예의는 다스림의 처음이며, 군자는 예의의 처음이다. 예의를 만들고 이어가며 거듭 쌓아서 좋아하게 만드는 것은 군자가 시작한다. 그러므로 하늘과 땅은 군자를 낳고, 군자는 하늘과 땅의 이치대로 다스린다. 군자란 하늘과 땅의 일에 참여하고 온갖 것들을 거느리며 백성의 어버이 노릇을 하는 사람이다. 군자가 없다면, 하늘과 땅은 다스려지지 않고, 예의는 졸가리가 없어지며, 위로는 군주와 스승이 없고 아래로는 아비와 자식이 없게 된다. 이를 두고 지독한 어지러움이라 한다. 군주와 신하, 아비와 자식, 형님과 아우, 지아비와 지어미 모두 처음이 있으면 마침이 있고 마침이 있으면 처음이 있어, 하늘과 땅과 함께 다스리고 영원토록 함께 오래간다. 이를 크나큰 뿌리라 한다. ─『순자』「왕제」

(以類行雜, 以一行萬. 始則終, 終則始, 若環之無端也. 舍是而天下以衰矣. 天地者, 生之始也; 禮義者, 治之始也; 君子者, 禮義之始也. 爲之, 貫之, 積重之, 致好之者, 君子之始也. 故天地生君子, 君子理天地, 君子者, 天地之參也, 萬物之總也, 民之父母也. 無君子, 則天地不理, 禮義無統, 上無君師, 下無父子, 夫是之謂至亂. 君臣‧父子‧兄弟‧夫婦, 始則終, 終則始, 與天地同理, 與萬世同久, 夫是之謂大本. ―『荀子』「王制」)

앞서 할 것과 뒤에 할 것

온갖 것에 뿌리와 우듬지가 있고 온갖 일에 마침과 처음이 있다는 것은 무엇을 앞세우고 무엇을 뒤로 돌리며 또 무엇을 먼저 하고 무엇을 나중에 할 것인지를 알아야 한다는 뜻이다. 간단하고 단순한 일이라면 모르겠거니와 만약 크고 중요하면서 이해관계가 복잡하게 얽힌 일이라면, 마구잡이로 처리할 수 없다. 자칫했다가는 하지 않느니만 못하게 되고, 심각한 지경에 이를 수도 있다. 그래서 "앞서 할 것과 뒤에 할 것을 잘 알면 길에 가까워진다"고 말한 것이다. 일의 무거움과 가벼움, 앞서 할 것과 뒤에 할 것을 안다는 것은 그 자체로 사리(事理), 곧 일의 결을 아는 것이니, 길에 가까워지는 것도 당연하다.

활은 먼저 조율한 뒤에 굳셈을 구하고, 말은 먼저 길들이고 난 뒤에 훌륭함을 구하며, 사람은 먼저 미쁘게 된 뒤에 유능함을 구한다. ―『문자』「상덕」

(弓先調而後求勁, 馬先順而後求良, 人先信而後求能.
—『文子』「上德」)

　　무릇 일에는 순서가 있다. 앞서 할 것을 뒤에 하
거나 나중에 할 것을 먼저 할 수 없다. 특히 두세
가지 이상을 동시에 처리할 수도 없다. 누군가가
"나는 한꺼번에 여러 일을 할 수 있다"고 말한다
면, 그는 착각하고 있는 것이다. 『성서』의 첫머리
에 하느님이 천지를 창조하는 과정이 나온다. 전
지전능하신 하느님조차 하늘과 땅, 만물을 한꺼
번에 창조하지 않았다. 낮과 밤, 땅과 바다, 풀과
나무, 새와 짐승 따위를 엿새에 걸쳐 차근차근 창
조했다. 신조차 그러한데, 사람이 일을 하면서 어
떻게 한꺼번에 여러 가지를 동시에 잘할 수 있겠
는가. 그렇게 할 수 있다고 믿는다면, 그건 과신
(過信)이다. 그렇게 하려고 한다면, 그건 과욕(過
慾)이다.

　　『문자』에서 말하고 있듯이, 상대를 제압하기 위
해서는 강하고 정확하게 화살을 쏘아야 하지만
반드시 먼저 활을 조율해 놓아야 한다. 천리마를
얻었더라도 먼저 길들이지 않으면 말의 훌륭한

자질을 꺼내 쓸 수가 없다. 마찬가지로 능력 있는 사람, 뛰어난 사람을 얻고 싶다면, 먼저 그가 나를 믿게 해야 한다. 나를 믿지 않는 사람이라면 그는 아무리 탁월한 능력을 가졌더라도 나를 위해 쓰지 않는다. 이처럼 무슨 일에서나 먼저 해야 할 것이 있다. 먼저 해야 할 것을 먼저 해야만 그에 따라 마땅한 결과, 좋은 결과가 뒤따른다.

가령, 부국강병을 이루고 태평성세를 구가하려면 어진 군주와 유능한 신하가 만나야만 한다. 그런데 중요한 것은 군주 자신이 먼저 어진 마음과 사람을 볼 줄 아는 감식안이 있어야 유능한 신하를 얻을 수 있다. 마찬가지로 선비도 그 자신이 먼저 남다른 능력과 빼어난 덕성을 갖추고 있어야 어진 군주에게 발탁될 수 있다.

『삼국지』「제갈량전(諸葛亮傳)」을 보면, 유비는 제갈량을 세 번이나 찾아가서야 비로소 만나는데, 만난 뒤에는 제갈량과 나날이 정이 깊어졌다. 관우와 장비가 이를 마뜩잖게 여겼다. 그러자 유비는 이렇게 해명했다.

"내가 공명을 만난 것은 물고기가 물을 만난 것과 같네. 그대들은 이에 대해 다시는 말하지 말게나!”(孤之有孔明, 猶魚之有水也. 願諸君勿復言!)

여기서 나온 고사성어가 바로 '수어지교(水魚之交)'다. 군주와 신하 사이가 마치 물고기와 물처럼 각별하고 친밀하다는 뜻이다. 전국시대에도 그런 만남이 있었으니, 바로 진(秦)나라 효공(孝公, 기원전 361~338 재위)과 공손앙(公孫鞅, ?~기원전 338)이 그 주인공이다.

공손앙의 출신에 대해서는 자세히 알 수 없다. 공손앙이라는 성명으로 그가 공족의 후손임을 짐작할 수 있을 뿐이다. 그가 처음 행적을 드러낸 곳은 전국시대 위(魏)나라다. 위나라에서 그는 상국(相國)이던 공숙좌(公叔座)의 가신으로 있었다. 스물이 채 안 된 나이에 공숙좌 집안의 일들을 총괄하는 직책을 맡았으니, 얼마나 뛰어난 능력을 지녔는지 짐작할 수 있다.

공숙좌가 병이 깊어 일어나기 힘들어졌을 때, 위혜왕(魏惠王)이 문병하러 와서는 물었다.

"그대가 다시 일어나지 못한다면, 누구에게 국사를 맡기는 것이 좋겠소?"

공숙좌는 이렇게 대답했다.

"저의 중서자로 있는 공손앙은 비록 어리지만

재능이 뛰어납니다. 그에게 나랏일을 맡기시고, 다스리는 이치를 들으십시오.”

혜왕이 이 말을 들을 리 만무하다. 왜냐하면 전혀 존재를 알지 못했던 공손앙을 느닷없이 거론하며 그에게 국사를 맡기라는데, 과연 어떤 군주가 그 말을 듣겠는가? 게다가 스물 안팎의 새파란 젊은이가 아닌가! 이는 애당초 공숙좌의 잘못이다. 공손앙의 재능이 빼어나 국사를 맡길 만한 인물이라 확신했다면, 그 자신이 건재할 때 추천했어야 옳다. “새는 죽을 때 그 소리가 슬프고 사람은 죽을 때 그 말이 착하다”는 속담을 곧이곧대로 믿는다 해도, 갑작스레 사람을 추천하여 믿고 쓰라는 말은 아무리 현명한 군주라도 선뜻 수용하기 어렵다. 하물며 현명하다고 말하기에는 손색이 있는 혜왕임에랴!

혜왕이 공손앙을 쓰지 않을 것임을 눈치 챈 공숙좌는 공손앙을 기용하지 않겠다면 반드시 죽이라고 말했다. 기용하라는 말도 듣지 않는데, 죽이라는 말을 듣겠는가? 이윽고 공손앙은 위나라를 떠나 서쪽으로 진(秦)나라에 갔다. 당시 진나라는 효공이 천하에 구현령(求賢令)을 내려 널리 인재를 구하고 있었다. 겨우 21세에 즉위한 효공은 진나라가 서쪽에 치우쳐서 중원의 제후국들로부터 오랑캐 취급을 받고 있는 데 대해 매우 원통하게 여기고 있었다. 그는 즉위하자마자 고아와 과부를 구제하는 등 널리 은혜를 베풀고 전사를 모집해 논공행상을 분명하게 했으나, 이것으로는 부족함을 느꼈다. 이에 구현령을 내리며 이렇게 말했다.

"옛날 목공(穆公)께서는 덕을 닦고 무력을 길러 동쪽으로는 진(晉)의 내란을 평정하여 황하를 경계로 삼았으며, 서쪽으로는 융적을 제압하여 땅을 천 리나 넓혔다. 천자는 방백(方伯)의 칭호를 내렸고, 제후들도 모두 축하했다. 후세를 위해 이런 업적을 남겼으니, 매우 빛나고 아름다운 일이었다. 그러나 여공(厲公)과 조공(躁公), 간공(簡公), 출자(出子) 때에는 조용한 날이 없이 나라 안이 우환에 시달려 나라 밖의 일을 돌볼 겨를이 없었다. 위(魏) · 조(趙) · 한(韓) 삼진(三晉)이 이 틈을 노려 하서(河西) 지역을 빼앗고, 제후들은 우리를 무시하니, 이보다 더한 치욕은 없었다. 헌공(獻公)께서 즉위하여 변경을 안정시키고 도읍을 역양(櫟陽)으로 옮겨 다스리면서 동쪽 정벌을 통하여 목공 때의 땅을 되찾고 그때의 정령을 실행하려 했다. 과인은 이런 선군의 뜻을 생각할 때마다 가슴이 아팠다. 빈객과 군신들 가운데 남다른 계책으로 우리 진나라를 부강하게 만들 수 있는 사람이라면 내가 높은 자리를 내리고 땅을 나누어줄 것이다!"

효공의 의지는 분명했다. 부국강병을 이룩하여 선대의 치욕을 씻고 중원으로 진출하려는 것이었다. 그러기 위해서는 유능하고 현명한 인재들을 얻어야 했다. 정치의 득실과 일의 성패는 사람에게 달려 있고, 군주 혼자서는 결코 성취할 수 없다. 효공 또한 이를 잘 알고 있었다.

공손앙은 효공에게 발탁되기를 바라서 진나라로 갔다. 그러나 효공이 아무나 만나주지는 않을 것이므로 먼저 효공이 아끼는 신하 경감(景監)을 찾아갔다. 이야기를 나누어보고 공손앙이 뛰어난 인재임을 알아챈 경감은 곧바로 효공에게 천거했다. 효공은 얼른 공손앙을 맞아들여 그에게 나라를 다스리는 방책에 대해 물었다. 절호의 기회를 얻은 공손앙은 정성을 다해 이야기했다. 그런데 효공은 꾸벅꾸벅 졸면서 제대로 듣지 않았다. 공손앙이 물러난 뒤에 효공은 경감에게 화를 냈다.

“그대의 빈객은 헛된 생각을 품은 망령된 사람이오! 어찌 쓸 수 있겠소?”

경감이 돌아와서 공손앙에게 왜 헛된 말을 했느냐고 물으니, 공손앙은 이렇게 대답했다.

“내가 군주에게 제도(帝道)에 대해 말했는데, 그 뜻을 이해하지 못한 것입니다.”

제도란 요(堯)나 순(舜) 같은 전설상의 성군이 나라를 다스린 방도를 이른다. 흔히 도가(道家)에서 말하는 치도(治道)가 이것인데, 이는 태평한 시절에 알맞은 ‘무위지치(無爲之治)’를 가리킨다. 난세에는 적합하지 않은 방도였으므로 얼른 부국강병을 이루려 한 효공에게는 부질없는 논의로 들렸을 게 뻔하다.

닷새가 지난 뒤 효공은 다시 공손앙을 불렀고, 공손앙은 왕도(王道)를 이야기했다. 효공은 여전히 마음에 들지 않아 시큰둥했다. 제도만큼이나 비현실적인 방책으로 여겨졌던 것이다. 그리고 닷새 뒤, 효공을 다시 만난 공손앙은 이번에는 패도(覇道)를 이야기해주었다. 그러자 효공은 경감에게 이렇게 말했다.

“그대의 빈객은 썩 괜찮아서 함께 이야기를 나

눌 만하오.”

효공의 반응이 제도나 왕도를 들을 때보다는 한결 나아졌으나, 패도에도 마음은 크게 움직이지 않았다. 비로소 효공의 내심을 알아챈 공손앙은 경감에게 다시 효공을 만나게 해달라고 부탁했다. 이번에는 효공이 공손앙 쪽으로 바싹 다가앉으며 귀를 기울여 들었다. 공손앙과 며칠 동안 계속 이야기하면서 효공은 전혀 싫증내지 않았다. 공손앙이 ‘강국(强國)’이 되는 길을 이야기했기 때문이다. 그 요지는 “법령을 바꾸고 형벌을 정비하며, 안으로는 농사에 힘쓰고 밖으로는 전쟁에서 목숨을 걸고 싸우는 전사들에 대해 상벌을 분명하게 하는 것”이었다. 이른바 농전(農戰)과 상벌(賞罰)에 주안점을 둔 변법(變法)이었다.

뛰어난 인재를 얻으려 애썼던 효공, 자신을 절대적으로 신임하며 일을 맡길 군주를 찾던 공손앙. 두 사람은 만나 이야기를 나누면서 먼저 상대를 가늠하기 시작했다. 효공은 공손앙이 진나라를 부강하게 해줄 방책과 능력을 갖고 있는지를 살펴야 했고, 공손앙은 효공이 군주로서 어느 정도의 식견과 성품을 지녔는지 파악해야 했다. 몇

번의 대화를 나누면서 드디어 서로 뜻이 통할 수 있는 지점을 찾아냈다. 정확하게는 공손앙이 그 지점을 찾아간 것이다. 어쨌든 효공은 공손앙이 자신의 의중대로 정책을 펴나갈 것임을 확신하자 곧바로 발탁하여 좌서장(左庶長)이라는 높은 직책을 주었고, 그 뒤로 흔들림 없이 그를 신뢰했다.

부강한 나라를 만들어 중원으로 진출하려는 야심을 가진 효공의 뜻에 부응하기 위해 공손앙은 변법이라는 강력한 정책을 실행했다. 그런데 이 변법은 기득권 세력인 귀족들의 권력을 제한하거나 축소하여 군주의 권력을 막강하게 하는 것이어서 귀족들이 거세게 반발할 것은 불을 보듯 뻔한 일이었다. 게다가 전혀 새로운 법령을 시행하는 것이어서 백성까지 반발할 수 있었다. 이를 예상한 공손앙은 변법을 실행하기 전에 새로운 법령을 백성이 믿도록 하는 것이 우선임을 알았다. 그리하여 그는 먼저 다음의 일을 했다.

세 길이나 되는 나무를 도성의 남문에 세우고 이렇게 포고했다.

"이 나무를 북문으로 옮기는 자에게는 황금 10금을 주겠다!"

그러나 백성은 이상하게 여길 뿐, 아무도 옮기지 않았다. 하찮은 일에 너무 많은 상금이 걸렸기 때문이다. 다시 이렇게 포고했다.

"이 나무를 옮기는 자에게는 황금 50금을 주겠다!"

어떤 백성이 별 뜻 없이 이것을 옮겨 놓았다. 즉시 그에게 황금 50금을 내려 백성을 속이지 않는다는 뜻을 분명히 했다. 그런 뒤에 새 법령을 널리 알렸다.

흔히 "남문으로 나무를 옮기다"는 뜻의 '남문사목(南門徙木)' 또는는 "나무를 옮겨 믿음을 세우다"는 뜻의 '사목입신(徙木立信)'으로 알려진 이야기다. 공손앙이 나무를 옮긴 자에게 약속대로 황금을 주었지만, 그렇다고 해서 곧바로 백성이 그를 믿고 그의 법령을 따른 것은 아니다. 법령이 시행된 지 10여 년이 지나서야 비로소 진나라 백성은 만족하기 시작했다.

더 이상 새 법령에 대해 왈가왈부하는 자가 없어졌을 때, 공손앙은 군사를 이끌고 위나라를 쳐서 그 수도를 빼앗았다. 무엇을 먼저 하고 나중에 할 것인지를 잘 알았다고 할 만하다. 변법으로 진나라를 부강하게 만든 공손앙은 이윽고 자신을 쓰지 않은 위나라를 쳐서 그 도성을 함락시켰다. 위나라는 대량(大梁)으로 도성을 옮겨가야 했다. 그때부터 위혜왕은 양혜왕(梁惠王)으로 불렸다. 공손앙은 이때 세운 공으로 상(商) 땅을 봉읍으로 받고 '상군(商君)'에 봉해졌다. 그로부터 '상앙(商鞅)'으로 불렸다. 그가 저술한 책이 『상군서(商君書)』다.

<blockquote>

옳은 말인데도 받아들이지 않고 그른 말인데도 내버리지 못하며, 공을 세워도 상을 주지 못하고 죄를 지어도 벌을 내리지 않으니, 이렇게 해서 백성을 다스릴 수 있었던 적은 아직 없었다. 옳으면 반드시 받아들이고 그르면 반드시 내버리며, 공을 세우면 반드시 상을 내리고 죄를 지으면 반드시 벌을 내리니, 이렇게 한다고 어찌 다스려지겠는가? 아직 아니다. 무엇 때문인가? 형세와 기물이 마련되지 않아서 아직 다스려지지 않는 것이다. 형세와 기물이 마련되고 앞의 네 가지가 갖추어져야 다스려진다. 백성을 다스리지 못하면서 그 군대가 강해질 수 있었던 적은 아직 없었다. 백

</blockquote>

성을 다스릴 수 있어도 군대를 쓰는 책략에 밝지 못하면 아직 안 된다. 군대를 강하게 하지 못하면서 반드시 적국을 이길 수 있었던 적은 아직 없었다. 군대를 강하게 할 수 있어도 적국을 이기는 방책에 밝지 못하면 아직 이기지 못한다. 군대가 적국을 반드시 이기지 못하는데도 천하를 바로잡을 수 있었던 적은 아직 없었다. 군대가 적국을 반드시 이길 수 있다고 해도 천하를 바로잡을 명분이 분명하지 않으면 아직 안 된다. 그래서 "백성을 다스리는 데에는 기물이 있어야 하고, 군대를 쓰는 데에는 책략이 있어야 하며, 적국을 이기는 데에는 방책이 있어야 하고, 천하를 바로잡는 데에는 명분이 있어야 한다"고 말하는 것이다. ─ 『관자』「칠법」

(言是而不能立, 言非而不能廢, 有功而不能賞, 有罪而不能誅, 若是而能治民者, 未之有也. 是必立, 非必廢, 有功必賞, 有罪必誅, 若是安治矣? 未也. 是何也? 曰形勢器械未具, 猶之不治也.

形勢器械具, 四者備, 治矣. 不能治其民, 而能強其兵者, 未之有也. 能治其民矣, 而不明於爲兵之數, 猶之不可. 不能強其兵, 而能必勝敵國者, 未之有也. 能强其兵, 而不明於勝敵國之理, 猶之不勝也. 兵不必勝敵國, 而能正天下者, 未之有也. 兵必勝敵國矣, 而不明正天下之分, 猶之不可. 故曰: "治民有器, 爲兵有數, 勝敵國有理, 正天下有分." - 『管子』「七法」)

상앙은 먼저 법령을 세웠다. 당연하다. 그는 법치(法治)를 내세운 법가사상가이기 때문이다. 그렇다면 유가에서는 무엇을 내세울까? 『순자』「의병(議兵)」편에 "예의는 나라를 다스리게 하는 용마루고, 강하고 굳건해지게 하는 뿌리이며, 위세를 펴게 하는 길이고, 공적과 명성을 올리는 요체다"(禮者, 治辨之極也, 强固之本也, 威行之道也, 功名之總也)라는 대목이 나온다. 이처럼 유가라면 당연히 예의를 세우는 것이 먼저라고 할 것이다. 그러나 나라를 다스리는 데에는 법령과 예의 두 가지가 수레의 양쪽 바퀴와 같은 구실을 한다. 둘 가운데 무엇을 먼저 할 것인가는 형세나 시세에 따라야 한다. 그리고 무엇보다도 정치에서 왜 법령이나 예의가 필요한지를 아는 것이 우선이다.

법령과 예의 모두 정치의 근간이다. 정치란 나

라를 다스려 백성이 잘 살 수 있도록 해주는 일이다. 백성이 잘 살 수 있도록 군주가 내리는 것이 법령이고, 백성이 윤택한 삶을 누리도록 해주는 것이 예의다. 백성의 삶을 도외시한 채 논하는 법령이나 예의는 모두 헛소리요 선소리다. 『맹자』「양혜왕 상(梁惠王上)」에서 "산 사람을 먹여 살리고 죽은 사람을 장사지낼 때 섭섭함이 없는 것, 이것이 왕도의 시작이다"(養生喪死無憾, 王道之始也)라고 한 것도, 『관자』「정세(正世)」에서 "무릇 나라를 다스리는 길은 반드시 먼저 백성을 부유하게 하는 일이다. 백성이 부유하면 다스리기 쉽지만, 백성이 가난하면 다스리기 어렵다"(凡治國之道, 必先富民. 民富則易治也, 民貧則難治也)라고 한 것도 그 때문이다.

법령을 먼저 세울 것인가 예의를 먼저 마련할 것인가를 비롯해 무릇 주어진 상황을 정확하게 진단하여 정치에서 먼저 할 일과 나중에 할 일을 제대로 알고 실행한다면, 다스리는 길에 가까워진다. 바로 이것이 '근도(近道)'다.

2장

사물을 알고
천하를 다스려라

2-1

古之欲明明德於天下者, 先治其國; 欲治其國者,
先齊其家; 欲齊其家者, 先修其身; 欲修其身者, 先
正其心; 欲正其心者, 先誠其意; 欲誠其意者, 先致
其知, 致知在格物.

옛날에 밝은 덕을 천하에 밝히려 한 이는 먼
저 그 나라를 다스렸고, 그 나라를 다스리려
한 이는 먼저 그 집안을 가지런히 했으며, 그
집안을 가지런히 하려 한 이는 먼저 그 몸을
닦았고, 그 몸을 닦으려 한 이는 먼저 그 마음
을 바루었으며, 그 마음을 바루려 한 이는 먼
저 그 뜻을 성스럽게 했고, 그 뜻을 성스럽게
하려 한 이는 먼저 그 앎을 지극하게 했으며,
앎을 지극하게 하는 일은 사물의 알속에 이르
는 데에 있었다.

注釋　　제(齊)는 가지런히 하다는 뜻으로, 다스
리다는 뜻의 치(治)와 같다. 성(誠)은 참되게 하다,
오롯하다, 지극하다는 뜻으로, 성(聖)과 통하므로
성스럽다고 풀이했다. 치(致)는 지극한 데 이르다,

끝까지 다하다는 뜻이다. 격(格)은 이르다, 오다, 바로잡다는 뜻이다.

蛇足　여기서는 1-3에서 말한 '앞서 할 것과 뒤에 할 것'을 이어받아 유가의 정치철학이라 할 만한 것을 깔밋하게 내보이고 있다. '명명덕어천하(明明德於天下)'는 달리 말하면 '평천하(平天下)'다. 앞서 '대학지도(大學之道)'에서 가장 먼저 '명명덕'이 언급된 까닭에 여기서도 이 말을 앞세우며 풀어간 것이다. '평천하' 곧 "천하를 고르게 다스린다 또는 태평하게 한다"는 것은 군주가 자신이 스스로 밝힌 밝은 덕으로 천하를 다스린다는 뜻이니, 함의가 다르지 않다.

그런데 밝은 덕을 밝히는 일은 수신(修身)에 해당한다. 자신의 몸과 마음을 잡도리해서 내면에 갈무리한 것이 밝은 덕이기 때문이다. 이 수신에서 집안과 나라, 천하를 다스리는 데로 나아가는데, 동시에 이 수신을 위해서는 마음을 바루고 뜻을 성스럽게 지니고 앎이 지극해야 한다. 요컨대 이 구절에서는 '수신'이 핵심이다. 제가 · 치국 · 평천하와 정심 · 성의 · 치지 · 격물은 모두 이 수신에서 수렴된다.

$$\text{수신(修身)} \leftrightarrow \begin{cases} \text{제가(齊家)} \rightarrow \text{치국(治國)} \rightarrow \text{평천하(平天下)} \\ \text{정심(正心)} \leftarrow \text{성의(誠意)} \leftarrow \text{치지(致知)} \leftarrow \text{격물(格物)} \end{cases}$$

이를 '대학의 팔조목(八條目)'이라 한다. 그런데 이 여덟 가지를 순서대로 기술했다고 해서 반드시 이 순서대로 마음공부나 몸가짐, 행위 따위가 이루어진다고 여겨서는 곤란하다. 순서를 말한 것은 이해하는데 도움이 되도록 한 것일 뿐, 이 순서가 절대적이라는 뜻은 아니다. 만약 순서대로 해야 한다면, 왕실에서 태어나 어려서 태자로 책봉되더라도 수신이 이루어지지 않으면 결코 왕위를 물려받을 수 없다는 뜻이 된다. 이래서는 왕위를 이을 자가 거의 없을 것이다. 또 학문을 해서 세상에 뜻을 펴려는 선비도 이 순서를 지켜야 한다면, 아마 대부분이 집 밖으로 나서지도 못할 것이다. 집 밖은 제쳐두고 글방에서조차 나오지 못할 사람도 수두룩할 것이다.

이 여덟 가지는 각각 따로 존재하는 것이 아니

다. 평천하 안에 치국이 있고, 치국 안에 제가가 있으며, 제가 안에 수신이 있다. 마찬가지로 수신 안에 정심이 있고, 정심 안에 성의가 있으며, 성의 안에 치지가 있고, 치지 안에 격물이 있다. 이를테면, 가장 안쪽에 격물이라는 원이 있고, 그 원 밖에 치지라는 더 큰 원이 있으며, 이렇게 점점 큰 원이 형성되어 가장 바깥에 평천하라는 가장 큰 원이 있는, 일종의 동심원을 이루는 관계에 있다고 할 수 있다. 그러면서 끊임없이 서로 영향을 주고받는다.

한번 생각해보자. 격물이 제대로 되었는지, 치지가 되었는지, 성의가 되었는지 또는 정심이 되었는지를 그 자체로 알 수 있는가? 그의 말과 행동을 살펴보고 제가를 하거나 치국을 하거나 평천하를 어떻게 하는지를 보아야 비로소 알 수 있다. 그리고 삶 속에서 갖가지 일들을 맡아 하는 경험을 통하지 않고서는 격물도, 치지도, 성의도, 정심도 오롯해지지 않는다. 그런 경험을 도외시하는 것은 머릿속으로 덕을 쌓는 것이나 다름이 없다. 이는 자칫 제가와 치국, 평천하를 그르치거나 위태롭게 한다. 따라서 격물, 치지, 성의, 정심 따위는 제가와 치국, 평천하와 분리되어 따로 존재하는 것이 아니다.

그리고 간과해서는 안 되는 점은 후대에 '수신제가치국평천하'를 늘 언급하듯이 『대학』의 이 구절도 초점이 여기에 맞추어져 있다는 사실이다. 후대 성리학자들의 사유와 인식은 줄곧 수양을 강조하는 데 있었으므로 정작 '치국평천하'가 유가의 핵심이라는 사실을 놓쳐버렸다. 성리학에서 『대학』을 중시했다는 사실로 보자면, 수양이라는 관점에서 『대학』을 이해하는 것도 무리는 아니다. 그러나 『대학』은 정치의 요체를 담은 책이므로 이런 편협한 시각 또는 그릇된 관점을 바로잡아야 한다.

총애와 편애가 부른 내분

기원전 8세기에서 기원전 5세기에 걸친 춘추시대에 주 왕실이 유명무실해지자 제후들은 각자 패권을 차지하여 천하를 호령하려고 서로 치열하게 경쟁했다. 그러나 패권을 차지한 제후는 손에 꼽을 정도에 불과했다. 『순자』에 따르면, 제나라

환공, 진나라 문공, 초나라 장왕, 오나라 합려, 월
나라 구천 등이 고작이다. 아무리 패권을 차지하
고 싶어도 실제로 이루기는 매우 어려웠음을 뜻
한다. 또 패자가 되었더라도 당사자들이 죽은 뒤
에는 곧바로 패권을 잃는 경우가 많았고, 심지어
는 나라가 혼란에 휩싸이거나 쇠망의 길로 접어
들기도 했다. 평천하는 제쳐두고라도 치국조차
결코 쉽지 않았다는 말이다. 그 까닭은 평천하나
치국에만 마음을 두고, 평천하나 치국에 앞서 해
야 할 것을 몰랐거나 간과했기 때문이다. 하물며
평천하나 치국보다 사욕이나 야욕을 채우기에 급
급했다면 어떠하겠는가?

　기원전 672년, 진(晉)나라 헌공(獻公, 기원전
676~651 재위)은 여융(驪戎)을 쳐서 승리하여 여융
의 군주를 죽이고는 그 두 딸을 얻어 돌아왔다.
적국의 군주를 죽이고 그 딸을 얻는 일은 불길한
일이었으므로 신하들이 극구 말렸다. 그러나 헌
공은 귓등으로도 듣지 않고, 오히려 여희(驪姬, 여
융 출신의 여인이라는 뜻)와 그 여동생을 총애했다.
이윽고 여희는 해제(奚齊)를 낳았고, 여희의 여동
생도 탁자(卓子)를 낳았다. 헌공에게는 이미 여덟

명의 아들이 있었고, 그 가운데서 태자 신생(申生)과 공자 중이(重耳), 공자 이오(夷吾)는 현명하고 선량하여 헌공이 아꼈었다. 그런데 해제가 태어나자 헌공은 태자를 폐할 생각을 가졌다. 그래서 이렇게 말했다.

"곡옥(曲沃)은 우리 선조의 묘소가 있는 곳이고, 포읍(蒲邑)은 진(秦)나라와 가깝고, 굴읍(屈邑)은 북방 오랑캐인 적(翟)과 가깝다. 만약 아들들을 보내 그곳을 지키게 하지 않는다면, 난이 일어날 수도 있다."

그리하여 신생은 곡옥에, 중이는 포읍에, 이오는 굴읍에 각각 보내 머물게 했다. 헌공은 여희의 아들 해제는 도성에 머물게 하여 자신 가까이에 두었다. 이쯤 되자 여희는 태자 신생을 내쫓고 해제를 태자로 세우고 싶어졌다. 당연하다. 젊고 아름다운 것으로 총애를 받고 있으니, 나이가 들고 미색이 사그라지면 버림받을 게 뻔하다. 그러나 자식이 태자가 되고 왕위를 잇는다면, 그런 걱정이나 두려움은 없어진다. 무엇보다도 여희로서는 부친의 원수를 갚아야 하는 처지에 있다. 해제가 왕위에 오른다면 진나라를 얻게 될 터이니, 이야말로 절묘한 복수가 아니겠는가. 이러한 여희의 속셈과 화란의 조짐을 진나라 대신들이 몰랐을 리 없다. 그러나 이미 헌공의 마음이 여희에게 있었으므로 무슨 말을 해도 귀담아 듣지 않았다.

헌공 17년(기원전 660년)에 헌공은 태자 신생에게 군대를 주어 동산(東山)을 정벌하게 했다. 그러자 대신 이극(里克)이 간언했다.

"군주께서 출행하시면 태자는 머물러서 나라를 살핍니다. 군주께서 출행하실 때 태자가 따라가는 것은 군주를 도와 군사들을 위무하기 위해섭니다. 지금 군주께서 머물러 계시고 태자가 출행하도록 하니, 이런 예는 일찍이 없었습니다."

헌공은 아주 불쾌하게 여기며 말했다.

"이는 그대가 알 바 아니오! 과인이 들으니, 태자를 세우는 데에는 세 가지 조건이 있다고 하오. 덕이 같으면 나이가 많은 이를, 나이가 같으면 사랑받는 이를, 사랑받는 게 같으면 점을 쳐서 가린다고 했소. 그대는 아비와 자식 사이에 끼어들어 이간질하지 마시오! 내 태자를 출병시켜 살펴볼 것이오!"

헌공은 이극에게 아비와 자식 사이에서 이간질

하지 말라고 했지만, 태자인 자식을 멀찌감치 내쳐 거리를 두려고 한 이는 그 자신이었다. 그럼에도 여희와 해제를 총애하는 마음에 가려 충언과 이간질을 구분하지 못했을 뿐 아니라, 그 자신이 분란의 빌미가 되고 있다는 사실조차 전혀 깨닫지 못하고 있었다. 이극은 헌공의 대답에서 이미 태자를 폐위하려는 뜻이 정해져 있음을 알아챘다. 그러나 그로서는 어찌 할 도리가 없었다.

태자 신생은 마침내 동산을 정벌하고 돌아왔는데, 태자를 헐뜯는 말만 더욱 많아졌다. 헌공이 내심으로 태자를 꺼린다는 사실을 간파한 소인배들이 농간을 부린 것임은 두말 할 나위가 없다. 그럼에도 태자는 자식으로서 도리를 다하고자 애썼다. 한편, 사태가 자신에게 유리하게 흘러가고 있음을 확신한 여희는 드디어 일을 꾸몄다. 태자가 동산을 정벌한 지 5년이 지났을 때다. 여희가 헌공에게 이렇게 헐뜯었다.

"제가 들으니, 신생이 군주를 해치려는 계략을 더 치밀하게 꾸미고 있다 합니다. 지난날에 저는 신생이 민심을 얻었다고 군주께 이미 말씀드렸습니다. 이제 신생은 민심을 얻어 이를 믿고 강한 세력을 이루었으며 또 찬탈의 계획을 민중들에게 흘리고 있다 합니다. 이렇게 되면, 태자가 물러서려 해도 백성이 따질 것이 분명합니다. 내뱉은 말은 주워 담을 수 없고, 백성의 마음도 누를 길이 없으니, 이 때문에 더 치밀하게 계략을 꾸미고 있습니다. 군주께서 먼저 일을 꾀하지 않으신다면, 환란이 닥칠 것입니다."

헌공이 대답했다.

"나도 잊지 않고 있소. 다만 벌을 내릴 만한 꼬투리를 아직 잡지 못했소."

헌공의 대답을 들은 여희는 본격적으로 일을 꾸몄다. 여희는 신생에게 이렇게 알렸다.

"오늘 군주께서 돌아가신 그대의 생모 제강(齊姜, 제나라 환공의 딸이다)을 보았다 하셨소. 그대는 얼른 제사를 지내시오. 그리고 제사에 올린 술과 고기를 군주께 보내도록 하시오."

신생은 곡옥으로 가서 제사를 지내고, 제사 고기를 헌공에게 보냈다. 이때 헌공은 밖으로 사냥을 나가고 없었다. 여희는 술과 고기를 받아서 그 속에 독을 넣었다. 헌공이 돌아오자, 신생을 불러 술과 고기를 바치게 했다. 헌공이 술로 땅에 고수레를 하자 땅이 갑자기 부풀어 올랐다. 신생은 황공하여 궁을 빠져나갔다. 헌공이 고기를 먹으려 하자, 여희가 말리며 고기를 개에게 던졌다. 개가 먹고 죽었다. 이어 술을 어린 환관에게 먹이니, 그 역시 죽었다. 헌공은 좌우에 명을 내려 신생의 사부인 두원관(杜原款)을 죽이게 했다. 이 소식을 듣고 신생은 곡옥으로 도망쳤다.

어떤 사람이 태자에게 말했다.

"이는 태자의 죄가 아닙니다. 그런데 왜 진나라를 떠나지 않습니까?"

신생이 대답했다.

"안 되오. 내가 떠나 죄를 해명한다면 반드시 그 죄가 군주에게 돌아갈 것이니, 이는 군주를 미워하는 짓이오. 아비의 잘못을 드러내면 제후들에게 비웃음을 살 텐데, 내가 어느 나라로 갈 수 있겠소?"

이윽고 신생은 곡옥의 종묘에서 목을 매 자살했다. 이제 여희는 헌공에게 중이와 이오도 무함했다.

"중이와 이오 두 공자도 신생이 군주를 해치려 한 일을 알고 있었습니다."

헌공은 이 말을 믿고 사람을 시켜 중이와 이오를 죽이라 했다. 중이는 북쪽 적(翟)나라로 도망

갔고, 이오도 양(梁)나라로 달아났다. 여희는 다른 공자들도 모두 없애게 하고 해제를 태자로 세우게 했다.

헌공 26년 9월, 헌공이 세상을 떠났다. 해제는 어렸고, 신생과 중이, 이오를 추종하는 무리들이 해제를 죽이려 했다. 그 틈을 타서 대부 이극이 비정(丕鄭)과 함께 해제와 탁자, 여희를 살해했다. 이렇게 하여 헌공의 총애는 여희와 그 자식의 비참한 죽음과 나라의 혼란으로 결말을 맺었다. 이 이야기는 『국어』「진어(晉語)」와 『사기』「진세가(晉世家)」에 나온다.

한낱 평민의 집안에서도 자식을 편애하면 분란이 일어나는데, 하물며 나라와 백성을 책임져야 하는 군주가 편애하면서 신하의 간언조차 듣지 않음에랴! 태자는 자살하고 현명한 공자들은 다른 나라로 달아나야 하는 지경이 되었으니, 어찌 나라가 온전할 수 있겠는가? 대부 이극과 비정이 저지른 짓도 지탄받아 마땅하지만, 어찌 그들만의 죄라 하겠는가? 헌공이 그 빌미를 제공했다.

헌공이 여희를 총애하고 해제를 편애하면서 태자를 죽음으로 내몰고 여러 공자들을 달아나게 만드는 동안, 동쪽 제나라에서는 환공이 관중을 기용해 부국강병을 이루고 제후들의 회맹(會盟)을 주도하면서 패자로 우뚝 섰다. 헌공이라고 해서 그런 패자가 되고 싶지 않았던 것은 아니다. 그 자신이 군대를 통솔하여 위(魏)나라, 경(耿)나라를 멸망시켰고, 태자 신생을 보내 동산을 정벌하기도 했다. 또 괵(虢)나라를 치기 위해 우(虞)나라에 명마와 진기한 옥을 주고서 길을 빌린 뒤에 괵나라를 멸망시키고 이어 우나라까지 멸망시킨, 그 유명한 '가도멸괵(假道滅虢)'의 주인공도 헌공이다. 그럼에도 패자가 되지 못한 것은 편애와 총애 때문이다. 『관자』「패언(覇言)」에서는 "천하를 다투는 사람은 반드시 먼저 사람을 얻으려 다툰다"(夫爭天下者, 必先爭人)고 했다. 자신의 마음을 다스리지 못한 헌공은 사람을 잃으려고 애쓴 군주나 진배없었으므로 패자는커녕 강자(强者)조차 되지 못했고, 오히려 비극과 분란의 싹만 키웠다.

통치에서 군주의 덕이 뿌리임을 알지 못하고 사사로운 마음에 치우친다면, 간악한 짓을 일삼는 자가 반드시 생긴다. 그렇게 되면 어진 태자가 있고 현명한 신하들이 있어도 간악한 자들로 말미암아 다툼이 일어나고 분란이 생기기 마련이다.

도가 있는 군주는 법을 분명하게 세워서 사사로운 마음으로 막지 않는다. 그러나 도가 없는 군주는 이미 법을 세웠음에도 법을 버려두고 사사로이 행동한다. 군주가 되어서 법을 내버리고 사사로이 행동하면 신하된 자들도 사사로움을 끌어들여서 공적인 일로 삼는다. 공적인 도를 어기지 않으면 사적인 도 또한 어기지 않는다. 공적인 도를 실행하면서 사사로움에 기댄 지 오래되어도 알지 못한다면, 간사한 마음이 쌓이지 않을 수 있겠는가? 간사한 마음이 쌓이면, 크게는 군주를 핍박하여 죽이는 재앙이 있고, 작게는 무리를 지어 안으로 다투는 환란이 생긴다. 이렇게 되는 까닭은 군주의 덕이 서지 않고 나라에 떳떳한 법이 없기 때문이다. 군주의 덕이 서지 않으면 아녀자가 사사로운 뜻을 키우고, 나라에 떳떳한 법이 없으면 대신들이 함부로 그 권세를 침범한다. 대신이 총애 받는 여인의 힘을 빌려 군주의 정황을 엿보고, 총애 받는 여인이 대신의 꾀를 빌려 바깥의 권력을 끌어들인다. 이리하여 바깥사람을 끌어들

여서 태자를 위태롭게 하고, 안에서 병란이 일어
나 밖의 도적을 불러들이게 되니, 이것이 군주를
위태롭게 하는 낌새다. ─『관자』「군신 상」

(有道之君者, 善明設法而不以私防者也. 而無道之君,
旣已設法, 則舍法而行私者也. 爲人上者釋法而行私,
則爲人臣者援私以爲公. 公道不違, 則是私道不違者
也. 行公道而託其私焉, 寢久而不知, 姦心得無積乎?
姦心之積也, 其大者有侵偪殺上之禍, 其小者有比周
內爭之亂. 此其所以然者, 由主德不立, 而國無常法也.
主德不立, 則婦人能食其意; 國無常法, 則大臣敢侵其
勢. 大臣假於女之能, 以規主情; 婦人孽寵, 假於男之
知, 以援外權, 於是乎外夫人而危太子, 兵亂內作, 以
召外寇, 此危君之徵也. ─『管子』「君臣 上」)

2-2

物格而后知至, 知至而后意誠, 意誠而后心正, 心
正而后身修, 身修而后家齊, 家齊而后國治, 國治而
后天下平.

사물의 알속이 이른 뒤에 앎이 지극해지고,

앎이 지극해진 뒤에 뜻이 성스러워지며, 뜻이
성스러워진 뒤에 마음이 바르게 되고, 마음이
바르게 된 뒤에 몸이 닦여지며, 몸이 닦여진
뒤에 집안이 가지런해지고, 집안이 가지런해
진 뒤에 나라가 다스려지며, 나라가 다스려진
뒤에 천하가 태평해진다.

蛇足　　여기서 당연히 중요한 것은 물격(物格) 또
는 격물(格物)이다. 사물의 알속이 나에게 이르거
나 내가 사물의 알속에 이르거나 어느 쪽이든 이
것이 수신의 처음이고 수신의 맺음이면서 동시에
치국평천하의 처음이고 치국평천하의 맺음이다.
어째서 그런가?

물(物)은 나 또는 우리를 에워싼 모든 사물(事
物)이다. 사물은 사건(事件)과 물건(物件)을 아울러
일컫는 말이다. 끊임없이 일어나는 일들이 사건이
며, 이는 시간 속에서 펼쳐지는 온갖 변화와 현상
을 이른다. 세상에 존재하는 모든 것들이 물건인
데, 여기서는 생명이 있는 유정물(有情物)과 생명
이 없는 무정물(無情物)을 아울러 가리키므로 이
른바 만물(萬物)이라 할 수 있다. 격물, 성의, 정심을 거쳐 이루어지는 수신은 결코 진공 상태에서 이루어지는 것이 아니다. 그저 머릿속에서 궁리하고 마음속으로만 헤아려서는 관념으로 흐를 뿐이니, 그렇게 해서는 온갖 것들이 끊임없이 변화하며 새롭게 펼쳐지는 사태들 속에서 적절하게 대처할 수 없다.

공자, 격물의 중요성을 말하다

수신이나 제가에서 더 나아가 치국평천하에서 이 격물이 처음이 되고 긴요하다는 말은 인간의 사유에서 매우 특별한 의미를 갖는다. 구체적인 사물의 세계가 인간의 삶과 문명에서 얼마나 중요한지에 대해서는 근대 과학과 기술의 발달을 통해 잘 알려져 있으나, 근대 이전에는 그렇지 못했다. 더구나 만물이나 모든 현상에는 영적인 어떤 존재가 깃들어 있다고 여겼던, 초월적인 존재가 있어 인간사를 주재한다고 여겼던 고대에는 사물 자체를 이해하고 탐구해야 한다는 인식을 좀처럼 갖기가 어려웠다. 바로 그러한 때에 '격물'을 운운했으니, 그 의미는 결코 심상하지 않다.

고대부터 중세까지 동아시아인들은 대체로 하늘과 땅에서 일어나는 갖가지 현상들이 인간사와 밀접한 관계에 있다고 여겼다. 이른바 '천인감응(天人感應)'이 그런 뜻을 담은 용어다. 중세 내내 역사서들에서 일식이나 월식, 지진 따위를 중요하게 기술한 까닭도 그러한 현상이 인간사와 상호 영향 관계에 있다고 보았기 때문이다. 또 하늘과 땅의 신령들이나 조상신에게 제사를 지내는 일을 중요하게 여기고 나라에 중요한 일이 있을 때 점을 쳐서 답을 구한 일도 모두 사물의 세계 너머에 사물을 움직이는 어떤 존재가 있으리라는 인식에 따른 것이었다. 천체의 현상이나 땅의 변화를 관찰하여 음양과 오행을 논한 것이나 시초(蓍草) 또는 소뼈나 거북 등껍질로 점을 친 일도 그 때문이었다.

기원전 780년, 주(周)나라 유왕(幽王) 때 일이다. 도읍인 호경(鎬京) 근처의 경수(涇水)·위수(渭水)·낙수(洛水) 세 강 어름에서 지진이 발생했다. 이 세 강은 모두 주 왕조의 본향인 기산(岐山)에서 발원한다. 그 지진을 두고 대부 백양보(伯陽父)가 이렇게 말했다.

"주나라가 망할 것이다. 무릇 천지의 기운은 질서를 잃지 않는 법이다. 만약 질서를 어긴다면, 백성이 혼란을 겪는다. 양기가 밑에 깔려 나올 수 없고 음기가 양기를 눌러서 솟아나지 못하게 하면 지진이 발생한다. 이제 세 강에서 지진이 발생한 것은 양기가 제자리를 잃고 음기에 눌려 있기 때문이다. 양기가 제자리를 잃고 음기가 그 자리에 있게 되면 강물의 근원은 반드시 막히고, 근원이 막히면 그 나라는 반드시 망한다."

그리고 10년이 지난 기원전 771년, 서쪽 견융(犬戎)의 침입을 받아 유왕은 죽고 도읍을 동쪽 낙읍(雒邑)으로 옮겨야 하는 변고가 생겼다. 마치 땅의 기운이 제자리를 잡지 못해서 벌어진 일처럼 보였고, 또 그렇게 인식했으므로 『사기』나 『국어』에 기록되었던 것이리라. 그러나 유왕의 죽음과 천도(遷都)는 순전히 군주 자신의 부덕(不德)과 그릇된 정치에서 비롯된 일이었고, 지진과는 아무런 상관이 없었다.

유왕은 포사(褒似)라는 여인을 총애했고, 포사가 아들 백복(伯服)을 낳자 이미 세운 태자를 폐위하고 태자의 모친까지 내쫓는 무도한 짓을 일삼

왔다.(앞서 거론한 진나라 헌공이 저지른 일과 비슷한 짓을 먼저 한 셈이다.) 게다가 간사하고 아부를 잘하는 괵석보(虢石父)에게 국사를 맡겨 백성의 원성을 샀다. 또한 제후들의 신뢰를 잃는 짓을 거듭하여 견융의 침입 때 아무도 구원하러 오지 않았다. 이것이 유왕이 죽고 주 왕조가 도읍을 옮기면서 춘추시대가 시작된 이유였다.

이렇게 만물이나 현상이 그 자체의 법칙에 따라 움직이고 변화한다는 인식을 거의 하지 못한 때가 고대였고, 춘추시대와 전국시대에 들어서도 크게 달라지지 않았다. 그런데 춘추시대에 들어서면서 자연 현상과 인간사를 떼어놓고 이해하는 이들이 나타나기 시작했다. 가령,『춘추』의 희공(僖公) 16년(기원전 644년)에 "여섯 마리의 익조(鷁鳥)가 뒤로 날아서 송나라의 도성을 지나갔다"(六鷁退飛, 過宋都)는 기록이 나온다. 새가 거꾸로 나는 것은 분명히 기이한 일이다.『춘추』에 이를 기록한 까닭은 그 기이한 일이 곧 인간사의 길흉과 관련이 있다고 여겼기 때문이다. 그러나 실제로는 강한 바람 때문이었다. 주나라의 내사(內史) 숙흥(叔興)도 "이는 단순한 음양 현상이지 길흉과는 관계가 없다. 길흉은 본래 사람의 행위로 말미암은 것이다"(是陰陽之事, 非吉凶所生也. 吉凶由人)라고 말했다.

또 『좌전』을 보면, 소공(昭公) 18년(기원전 524년) 5월 14일에 송나라와 위나라, 진나라, 정나라에서 동시에 화재가 발생했다. 이를 당시 사람들이 불길한 조짐으로 여겼으리라는 것은 충분히 짐작할 수 있다. 당연히 호들갑을 떨었을 것이다. 심지어 정나라에서는 이 화재는 꼬투리일 뿐이고 앞으로 더 큰 불이 나서 나라가 망하게 될지도 모른다는 인식이 확산되었다. 이에 정나라 자산(子産)은 이렇게 대답했다. "천도는 멀고 인도는 가까우므로 서로 영향을 끼칠 수 없다. 어찌 천도로 인도를 알 수 있겠는가?"(天道遠, 人道邇, 非所及也. 何以知之?)

숙흥과 자산은 당시의 통념과 사뭇 다른 인식을 보여주었다. 이들은 인간세상에서 일어나는 일은 오로지 인간의 행위에 따른 것이며, 천지자연의 이변과 인간사의 길흉이 결코 결부되어 있지 않다고 판단했다. 정치적 행위와 자연적 현상을 구분해서 볼 줄 알았던 것이다. 이런 점은 공자도 마찬가지다.

『논어』「옹야(雍也)」편을 보면, 제자인 번지(樊遲)가 앎에 대해 물었을 때, 공자는 "백성이 올발라지도록 힘쓰고, 귀신을 삼가 받들면서 멀리한다면, 안다고 할 수 있다"(務民之義, 敬鬼神而遠之, 可謂知矣)고 대답했다. 신령이나 조상신이 당연히 있다고 믿으며 그들에게 지내는 제사를 무엇보다 중요하게 여겼던 때에 공자는 "삼가 받들면서 멀리하라"고 말했다. 또한 공자는 천도에 대해서도 전혀 말하지 않았다고 전한다. 말로 표현할 수 없기 때문이기도 했지만, 정나라 자산의 말처럼 천도는 인간과 멀리 떨어져 저대로 작동하고 있음을 알았기 때문이다.

이렇게 공자는 천도와 인도를 결부시키지 않았으므로 그가 인도나 사물에 대해 이해하는 방식도 당연히 달랐다.

너희는 어찌 저 시를 배우지 않느냐? 시는 마음을 일으키게 하고, 사물을 살필 수 있게 하며, 사람들과 어우러질 수 있게 하고, 응등그러진 마음을 알게 한다. 가까이로는 어버이를 섬기고 멀리로는 임금을 섬길 수 있으며, 날짐승과 길짐승,

풀과 나무들의 이름을 많이 알 수 있다. ─『논어』「양화」

(小子何莫學夫詩? 詩, 可以興, 可以觀, 可以群, 可以怨. 邇之事父, 遠之事君, 多識於鳥獸草木之名. ─『論語』「陽貨」)

시를 감정의 표현으로 여긴 점에서는 새삼스러울 게 없다. 그러나 시를 통해 어버이를 섬기고 임금을 섬길 수 있다고 한 것은 시에 인도를 이해하는 중요한 정보가 담겨 있다는 뜻으로 한 말이다. 게다가 짐승들과 초목들의 이름도 알 수 있다고 했으므로 천도와 아무런 상관없이 사물 자체를 이해할 필요성에 대해 역설한 셈이다. 이는 시를 통해서 '격물'을 한다는 뜻이다. 공자의 이런 인식은 전국시대 말의 순자에게서 훨씬 깊어졌다.

하늘의 운행에는 일정한 법칙이 있으니, 요임금 때문에 존재하는 것도 아니고 폭군인 걸 때문에 없어지는 것도 아니다. 인간이 다스림으로 응하면 길하고, 어지러움으로 응하면 흉하다. 근본(농사)에 힘쓰고 절도 있게 쓰면 하늘도 가난하게 만들 수 없고, 몸을 잘 기르고 때맞게 움직이면 하늘도 병들게 할 수 없으며, 도를 닦아 어긋나지 않으면 하늘도 재앙을 내릴 수 없다. 그러므로 장마와 가뭄도 사람을 굶주리거나 목마르게 할 수 없고, 더위와 추위도 사람을 병들게 할 수 없으며, 요상하고 괴이한 일도 사람을 불행하게 할 수 없다. … 별이 떨어지고 나무가 울면 사람들은 모두 두려워한다. 이 무슨 까닭인가? 아무것도 아니다. 이는 천지의 변화요 음양의 조화로, 드물게 생기는 일이다. 괴이하게 여기는 것은 괜찮지만, 두려워하는 것은 잘못이다. 무릇 일식이나 월식이 생기고 비바람이 때맞지 않게 일고 요상한 별이 가끔 나타나는 것은 어느 시대에나 늘 있었던 일이다. 군주가 밝아서 정치가 공평하면 그런 일이 세상에 잇달아 일어나도 해로울 게 없으나, 군주가 어둡고 정치가 비뚤어지면 그런 일이 한 번도 일어나지 않아도 아무 보탬이 없다. 무릇 별이 떨어지고 나무가 우는 것은 천지의 변화요 음양의 조화로, 드물게 생기는 일이다. 괴이하게 여기는 것은 괜찮지만, 두려워하는 것은 잘못이다. ―

『순자』「천론」

(天行有常, 不爲堯存, 不爲桀亡. 應之以治則吉, 應之以亂則凶. 彊本而節用, 則天不能貧; 養備而動時, 則天不能病; 脩道而不貳, 則天不能禍. 故水旱不能使之飢渴, 寒署不能使之疾, 祅怪不能使之凶. … 星隊·木鳴, 國人皆恐. 曰, 是何也? 曰, 無何也. 是天地之變, 陰陽之化, 物之罕至者也. 怪之, 可也; 而畏之, 非也. 夫日月之有蝕, 風雨之不時, 怪星之黨見, 是無世而不常有之. 上明而政平, 則是雖竝世起, 無傷也; 上闇而政險, 則是雖無一至者, 無益也. 夫星之隊, 木之鳴, 是天地之變, 陰陽之化, 物之罕至者也. 怪之, 可也, 而畏之, 非也. －『荀子』「天論」)

격물이 왜 치국평천하에 중요한가

격물이 왜 치국평천하에 중요한가? 그 답은 의외로 간단하다. 우선 격물은 수신의 처음이기 때문이다. 수신은 덕을 쌓는 일이고, 덕에는 두 가지가 있다. 하나는 어짊(仁)이고, 또 하나는 앎(知)이다. 『논어』「옹야(雍也)」편에서 공자는 "아는 자는 물을 즐기고, 어진 자는 산을 즐긴다. 아는 자는 움직이고, 어진 자는 고요하다. 아는 자는 즐겁고,

어진 자는 오래 산다"(知者樂水, 仁者樂山. 知者動, 仁者靜. 知者樂, 仁者壽)고 했고, 또 「이인(里仁)」편에서는 "어진 자는 어짊을 편안하게 여기고, 아는 자는 어짊을 이롭게 여긴다네"(仁者, 安仁; 知者, 利仁)라고 말했다. 어짊과 앎을 아울러 말했다. 이는 어짊과 앎이 하나이기 때문이다.

어짊을 공자는 애인(愛人) 곧 사람을 사랑하는 것이라 했다. 그런데 사람을 사랑하는 방법은 그리 단순하지도 간단하지도 않다. 상대에 따라, 처지나 상황에 따라 사랑하는 방법은 다르기 마련이고 또 달라야 한다. 그런데 상대를 잘 알지 못하거나 상황 판단이 제대로 되지 않는다면, 아무리 사랑하는 마음이 있다고 해도 그 사랑을 오롯하게 전하기 어렵다. 방법이 적절하지 않으면 도리어 오해를 부르거나 파탄에 이를 수도 있다. 따라서 상대를 잘 알고 상황도 잘 파악해야 하는데, 이것이 바로 앎의 영역이다. 앎이 갖추어져야 어짊도 오롯해진다.

수신의 핵심은 덕을 갖추는 일이지만, 그 덕을 집안이나 나라, 천하에 펴려면 앎 또한 갖추어야 한다. 그 앎은 크게 사람을 아는 것과 사물을 아는 것으로 이루어진다. 제자인 번지가 앎에 대해 물었을 때, 공자는 "사람을 아는 것"(知人)이라고 대답했다. 그렇다고 이것을 전부로 여겨서는 곤란하다. 사람을 아는 것이 앎의 뿌리고 처음이며 실마리이기 때문에 그렇게 말했을 따름이다.

사람만 알고서 어찌 집안을 가지런히 하고 나라를 다스리며 천하를 태평하게 할 수 있겠는가? 집안을 가지런히 하기 위해서는 집안사람들이 먼저 먹고 입으며 살 수 있도록 살림을 장만해야 한다. 나라를 다스리고 천하를 태평하게 하는 일에서도 마찬가지다. 백성이 잘 먹고 살도록 농사를 지을 수 있게 하고 또 농사지을 때를 빼앗지 말아야 하며, 다투거나 어지럽히지 않도록 교화를 펴고 법규도 세워야 한다. 이 모든 일은 만물을 잘 이용하고 변화에 적절히 대처해야 가능하다. 사물의 알속과 법칙을 알아야 하는 이유도 여기에 있다.

사물의 법칙에 밝지 못하면서 명령을 내리는 것은 돌아가는 바퀴 위에 서서 장대를 메고 그 끝을 바로잡으려는 것과 같다. 사물의 형상에 밝지 못하면서 그 재질을 논하고 쓰임새를 따지는 것

은 긴 것을 잘라 짧게 만들어 놓고서는 짧은 것
을 이어 길게 만들려는 것과 같다. 법령에 밝지
못하면서 백성을 다스리고 민중을 하나로 아우
르려 하는 것은 왼손으로 글씨를 쓰다가 힘들면
오른손을 쉬게 하는 것과 같다. 교화에 밝지 못하
면서 풍속을 바꾸고 교육을 고치려 하는 것은 아
침에 나무를 구부려 바퀴를 만들어서는 저녁에
그 바퀴로 수레를 끌려고 하는 것과 같다. 결정
하는 일에 밝지 못하면서 민중을 몰아서 나아가
게 하려는 것은 강물을 거꾸로 흐르게 하려는 것
과 같다. 마음의 작용에 밝지 못하면서 사람들에
게 법령을 시행하려는 것은 과녁을 등지고 활을
당기는 것과 같다. 계산에 밝지 못하면서 큰일을
하려는 것은 배에 삿대도 없이 물살이 험한 곳을
건너려는 것과 같다. 그러므로 예법을 두고 제도
를 마련하는 일은 법칙을 알지 못하면 할 수 없
고, 재질을 논하고 쓰임새를 따지는 일은 형상을
알지 못하면 할 수 없으며, 민중을 하나로 어우러
지게 하는 일은 법을 알지 못하면 할 수 없고, 풍
속을 바꾸고 교육을 고치는 일은 교화를 알지 못
하면 할 수 없으며, 민중을 몰아서 나아가게 하

는 일은 결정하는 법을 알지 못하면 할 수 없고, 반포한 법령이 반드시 시행되도록 하는 일은 마음의 작용을 알지 못하면 할 수 없으며, 시작한 일을 반드시 이루는 것은 계산에 밝지 못하면 할 수 없다고 말한다. ─『관자』「칠법」

(不明於則, 而欲出號令, 猶立朝夕於運均之上, 檐竿而欲定其末. 不明於象, 而欲論材審用, 猶絶長以爲短, 續短以爲長. 不明於法, 而欲治民一衆, 猶左書而右息之. 不明於化, 而欲變俗易敎, 猶朝揉輪而夕欲乘車. 不明於決塞, 而欲毆衆移民, 猶使水逆流. 不明於心術, 而欲行令於人, 猶倍招而必拘之. 不明於計數, 而欲擧大事, 猶無舟檝而欲經於水險也. 故曰: 錯儀畫制, 不知則不可; 論材審用, 不知象不可; 和民一衆, 不知法不可; 變俗易敎, 不知化不可; 毆衆移民, 不知決塞不可; 布令必行, 不知心術不可; 擧事必成, 不知計數不可. ─『管子』「七法」)

　　사물의 알속과 법칙을 알아야 하는 이유는 사람이 사물의 세계 속에서 살기 때문이다. 사물과 아무런 관련을 맺지 않고 살 수 있는 길은 없다. 관련을 맺으면서 살 수밖에 없으므로 사물의 알속과 법칙을 알아야 한다. 흔히 "세상물정(世上物情)을 알아야지!"라고들 말하는데, 바로 이를 두고 한 말이다. 물정이란 온갖 것들이 얽혀 있는 실정이나 얽혀 돌아가는 형편을 뜻한다. 이 물정을 알아야만 허튼 짓을 하지 않고 곤란을 겪지 않을 수 있으며, 곤란한 지경에 처하더라도 무난하게 헤쳐 나올 수 있다. 한낱 개인도 그러한데, 통치나 정치를 맡은 이라면 어떻겠는가. 당연히 사물의 법칙과 시세의 추이를 꿰뚫어보아야 한다.

만약 사물의 알속과 법칙에 밝지 못하다면, 아무리 심사숙고해서 법령이나 정책을 마련해도 별 소용이 없다. 도리어 백성을 옭아매는 족쇄만 양산할 수도 있다. 마땅한 예법이 아니고 시대에 맞는 법령이 아니라면, 또 시세에 알맞은 정책이 아니라면, 백성을 아무리 아끼고 사랑한다 해도 그 마음과 달리 백성을 도리어 가시밭으로 몰아갈 뿐이다.

『관자』에서 언급했듯이 사물의 법칙을 알지 못하면 중요한 순간에 판단을 하고 결정을 내리는 일도 쉽지 않다. 결정을 내려도 어긋나기 십상이다. 계산에 밝지 못하면 아무리 애를 써도 일은 이루어지지 않는데, 계산에 밝지 못한 것은 재질의 수준이나 쓰임새, 사람들의 마음 씀씀이 따위를 알지 못하기 때문이다. 군자라는 평판이 있더라도 사물의 세계를 모른다면, 사이비(似而非) 군자에 지나지 않는다. 그런 사람은 잘 차려입은 허수아비나 진배없다.

사이비에 불과하면서 스스로 어질고 현명하다며 행세하던 유자들이 전국시대에는 무척 많았다. 그런 유자들을 두고 사마천은 『사기』 「화식열전(貨殖列傳)」에서 이렇게 비판했다.

"집안이 가난하고 어버이는 늙고 처자는 연약하며, 철이 되고 때가 되어도 제사를 지내지 못하고, 먹고 마시는 것이나 의복이 부족하여 남들과 어울리지도 못하면서 이를 부끄러워할 줄 모른다면, 견줄 데 없을 정도로 못난 사람이다."

비루하게도 남의 집 잔치나 제사에 기웃거리며 얻어먹는 주제에 군자는 어떠해야 하느니, 백성을 어떻게 다스려야 하느니 따위 말을 늘어놓는다면, 누가 귀를 기울여 들을 것이며 또 누가 그를 기용할 것인가? 한무제(漢武帝) 이후로 유학이 국가의 이데올로기가 되면서 유가의 통치술은 도리

어 편협해지고 고루해졌다. 경쟁할 학파가 없어진
탓이다. 그로 말미암아 불교나 도교에 밀려 송대
(宋代, 960~1279)에 이르기까지 한낱 공허한 학술
로 전락하고 허울뿐인 통치 이념으로만 남게 되
었다고 볼 수 있다.

시세를 파악하지 못하고 또 시대의 병통을 치유
할 계책도 능력도 갖추지 못한 채 관리 노릇을 하
거나 관리가 되겠다고 하는 유자들 또는 지식인
들을 날카롭게 풍자하기 위해서 원말명초(元末明
初)의 유기(劉基, 1311~1375)는 『욱리자(郁離子)』라
는 책을 썼다. 이른바 우언(寓言)으로 된 산문집이
다. 거기에 〈유치(喩治)〉라는 글이 있는데, 통치를
치료에 비유한 내용이다.

"천하를 통치하는 이는 의사와도 같다. 의사
는 맥을 짚어 증세를 알아 잘 살펴서 처방을 내린
다. 증세에는 음양과 허실이 있고, 맥에는 부침(浮
沈)과 강약이 있으며, 처방에는 땀내기 · 보양 · 침
구 · 탕제 따위의 방법이 있고, 인삼 · 복령 · 생강 ·
계피 · 마황(麻黃) · 망초(芒硝) 따위 약이 있다. 맞
으면 살아나고 맞지 않으면 죽는다. 따라서 증세
를 알고 맥을 알아 잘 처방하지 못한다면 의사가

아니다. 비록 편작(扁鵲)과 같은 견식을 지녔어도 떠들어대기만 하고 치료하지 않으면, 또는 증세도 모르고 맥도 모르면서 남의 허튼소리를 따라 처방을 내리고는 사람들에게 '나는 유능한 의사다'라고 말한다면, 그는 천하를 해치는 존재다. 이처럼 치란(治亂)은 증세고, 기강은 맥이며, 도덕과 정치·형벌은 처방과 조제법이고, 인재는 약이다."

2-3

自天子以至於庶人, 壹是皆以修身爲本. 其本亂而末治者否矣. 其所厚者薄而其所薄者厚, 未之有也. 此謂知本, 此謂知之至也.

천자로부터 서인에 이르기까지 하나같이 모두 몸을 닦는 일을 뿌리로 삼는다. 그 뿌리가 어지러운데도 그 우듬지가 다스려지는 일은 없다. 두터워야 할 데를 얄팍하게 하고 얄팍하게 할 데를 두텁게 하는 일은 아직 없었다. 이를 두고 '뿌리를 안다'고 하며, 이를 두고 '앎이 지극하다'고 한다.

注釋　서인(庶人)은 도성에 사는 사람들로, 대체로 귀족층에서 가장 낮은 자리를 차지하는 사인(士人)들을 가리킨다. 일(壹)은 오로지, 한결같이라는 뜻이다. 박(薄)은 엷다, 얇게 하다는 뜻이다.

蛇足　천자로부터 서인에 이르기까지 나랏일을 맡아서 하는 계층이 먼저 해야 할 것으로 몸을 닦는 수신을 말하고 있는데, 이는 뿌리이기는 하나 몸통은 결코 아니다. 뿌리가 없어서는 몸통도 없지만, 뿌리만 깊게 내리고 몸통이 없다면 이 또한 온전한 나무가 아니다. 따라서 몸을 닦는 일은 나라를 다스리고 천하를 태평하게 만들기 위한 뿌리지 몸통은 아니라는 뜻이다. "그 뿌리가 어지러운데도 그 우듬지가 다스려지는 일은 없다"는 말에 그런 뜻이 담겨 있다. 그럼에도 몸을 닦는 일이 사대부가 할 일의 전부인 것처럼 여긴다면, 이는 『대학』의 본뜻을 심각하게 곡해하는 것이어서 통치술로 활용할 수 없다.

여기에서 구태여 몸을 닦는 일을 뿌리로 삼는다는 것과 그 뿌리를 아는 것이 곧 '앎의 지극함'이라 말한 데에는 그만한 까닭이 있다. 고대에 천자나 제후, 귀족들은 태어나면서부터 백성을 지배하는 신분이었기 때문에 어떻게 통치해야 하는지에 대해 깊이 헤아리거나 고민할 필요를 그다지 느끼지 않았다. 몇몇 뛰어난 인물은 백성을 위한 정치를 펴야 한다는 의지를 지니기는 했지만, 철저하게 사유하여 깨달아서 지녔다고 보기는 어렵다. 거의 8백여 년을 이어간 주 왕조에서 성군(聖君)은커녕 명군(明君)조차 드물었다는 사실, 춘추전국시대 수많은 제후들 가운데서 패자로 불리거나 현명하다고 일컬어진 군주가 겨우 손에 꼽을 정도였다는 사실에서 확인된다.

타고난 신분이 통치 계층에 속한다고 해서 그 신분에 따른 책무를 저절로 해낼 수 있는 게 아니다. 신분 질서 자체가 인위적인 것이니, 그 질서를 유지해나가는 일 또한 인위적인 노력을 더해야 가능하다. 수신을 통치와 정치의 뿌리라 말한 이유가 여기에 있다. 그럼에도 신분이 곧 능력인 줄 알고 권력을 휘두르면 정치가 절로 이루어지리라 착각하는 군주나 귀족들이 대부분이었다. 그러한 착각이 얼마나 어리석고 위태로울 수 있는지를

174

여실하게 경험한 때가 춘추시대였다. 그러한 때에 그 착각을 바로잡고 자각하도록 이끈 대표적인 정치가이자 사상가가 관중이다.

『관자』「패형(覇形)」에 다음 이야기가 나온다.

어느 날, 환공이 멀리 기러기 두 마리가 날아가는 것을 보고는 홀로 탄식했다. 기러기는 날개가 있어 사방 어디라도 가고 싶은 곳으로 가는데, 자신은 뜻이 있어도 천하에 펼칠 수 없다는 생각이 들었기 때문이다. 곁에 있던 관중이 아무런 대답도 하지 않자, 환공이 다그쳤다.

"어째서 대답이 없으시오?"

관중이 대답했다.

"왕께서는 패왕의 대업을 이루고 싶은 마음을 가지고 계시나, 저는 패왕의 신하가 아니어서 감히 대답하지 못한 것입니다."

이는 마음만 있다고 해서 패업을 이룰 수 있는 게 아니라 왕이 그런 일을 이룰 만한 자격을 먼저 갖추어야 한다는, 환공은 패왕이 될 만한 수준에 있지 않다는 뜻을 넌지시 내비친 것이다. 달리 말하면, 관중은 군주라면 통치나 정치의 본질이 무엇인지, 패업을 이루기 위해 가장 먼저 해야 할 일이 무엇인지 따위를 깊이 자각하고 있어야 함을 강조하고 있는 것이다. 환공도 어렴풋이나마 그런 뜻을 알아차렸는지 이렇게 말했다.

"중보(仲父, 관중을 높여 일컫는 말)는 어찌 그런 말을 하시오? 어찌 합당한 말로써 과인에게 나아가야 할 방향을 제시해주지 않는 것이오? 과인에게 중보가 있는 것은 마치 기러기에게 날개가 있는 것과 같고, 너른 강을 건너는 데 배가 있는 것과 같소. 중보가 한마디 말로써 과인을 일깨워주지 않는다면, 과인에게 귀가 있다고 한들 어떻게 다스리는 도를 듣고 깨달을 수 있겠소?"

관중이 대답했다.

"왕께서 만일 패왕이 되어 대업을 이루려 하신다면, 반드시 뿌리가 되는 일부터 해야 합니다."

환공은 자세를 바꾸고 자리를 옮긴 뒤, 공손하게 물었다.

"감히 묻겠소. 무엇이 그 뿌리요?"

관중의 대답은 이러했다.

"제나라의 백성이 군주의 뿌리입니다. 그런데 백성이 굶주림에 허덕이는데도 세금을 무겁게 거두고, 백성이 죽음을 두려워하는데도 형벌이 혹독

하며, 백성이 지쳐 힘들어 하는데도 위에서는 수시로 큰일을 일으켜 부역에 동원합니다. 군주께서 세금을 적게 거두면 백성이 굶주릴까 걱정하지 않고, 형벌을 느슨하게 하면 백성이 죽음을 두려워하지 않으며, 때맞게 일을 일으켜 동원하면 백성이 지치거나 힘들어하지 않습니다."

관중은 백성이 군주의 뿌리이니 백성을 위한 정치를 해야 한다는 이치를 명확하게 말해주었다. 군주 없는 백성은 있을 수 있어도 백성 없는 군주는 있을 수 없다. 그러나 당시에 대부분의 군주들은 이를 간과하거나 무시했다. 환공은 무시하지는 않았으나, 그 이치를 알지 못했다. 관중의 말을 듣고서야 비로소 깨닫게 되었다. 환공은 관중의 말을 깊이 새겨서 뿌리인 백성을 위해 정치를 했고, 그 결과 춘추시대 최초의 패왕이 되었다.

남을 이기는 사람은 힘이 세다고 할 수 있으나, 자신을 이기는 사람이라야 참으로 강하다고 할 수 있다. 참으로 강해지려면 반드시 남의 힘을 써야 하고, 남의 힘을 쓰려면 반드시 남의 마음을 얻어야 하며, 남의 마음을 얻으려면 반드시 자신의 마음을 얻어야 한다. 자신의 마음을 얻고서 남을 잃은 사람은 아직 없었고, 자신의 마음을 잃고서 남을 얻은 사람도 아직 없었다. 그러므로 다스림의 뿌리는 사람들을 편안하게 해주는 데 있고, 사람들을 편안하게 해주는 뿌리는 쓸 재물을 넉넉하게 하는 데 있으며, 쓸 재물을 넉넉하게 해주는 뿌리는 농사지을 때를 빼앗지 않는 데 있고, 농사지을 때를 빼앗지 않는 뿌리는 일을 줄이는 데 있으며, 일을 줄이는 뿌리는 절도 있게 쓰는 데 있고, 절도 있게 쓰는 뿌리는 교만함을 없애는 데 있으며, 교만함을 없애는 뿌리는 마음을 비우는 데 있다. ―『문자』「하덕」

(勝人者有力, 自勝者强. 能强者, 必用人力者也; 能用人力者, 必得人心者也; 能得人心者, 必自得者也. 未有得己而失人者也, 未有失己而得人者也. 故爲治之本, 務在安人; 安人之本, 在于足用; 足用之本, 在于不奪時; 不奪時之本, 在于省事; 省事之本, 在于節用; 節用之本, 在于去驕; 去驕之本, 在于虛無. ―『文子』「下德」)

군주가 지극하게 알지 못한다는 것은 통치에 대

해 무지하다는 뜻이나 마찬가지다. 무지하기 때문에 백성을 군주의 소유로 여겨 교만하게 굴며, 오로지 자신을 위해서 과욕을 부려 시도 때도 없이 일을 일으키고 백성을 부역에 동원한다. 이러고서도 백성의 마음을 얻을 수 있을까? 그러고도 나라를 부강하게 하고 자신은 패왕이 될 수 있을까? 하물며 진정한 왕자(王者)가 될 수 있을까? 어림도 없다.

두텁게 할 것과 얇게 할 것

2-3에서는 뿌리와 우듬지에 대해 말한 뒤에 "두터워야 할 데를 얄팍하게 하고, 얄팍하게 할 데를 두텁게 하는 일은 아직 없었다"고 말했다. 무엇이 두터워야 할 데고 무엇이 얄팍하게 할 데인가? 주희는 "두터워야 할 데는 집안을 이른다"고 해석했다. 몸을 닦는 수신을 뿌리로 삼는다는 구절이 앞서 나오므로 이렇게 해석한 듯하다. 과연 그럴까?

'집안'이 두텁게 해야 할 대상이라면, '몸'은 얄팍하게 해도 되는가? 또 나라나 천하는 어떤 대상인가? 두텁게 대해야 할 대상인가, 얄팍하게 대해야 할 대상인가? 의문이 거듭된다. 주희는 두텁게 하거나 얄팍하게 하거나 할 대상이 고정된 것처럼 여겼다. 물론 2-3에서는 '집안'으로 볼 여지가 없지 않으나, 꼭 그렇다고 단정할 만한 근거가 분명한 것도 아니다. 오히려 이어지는 "이를 두고 '뿌리를 안다'고 하고, 이를 두고 '앎이 지극하다'고 한다"라는 구절을 감안한다면, 주희의 해석은 타당성이 떨어진다고 할 수 있다. 그래서인지 주희가 새롭게 편집한 『대학장구』에서는 이 구절이 아예 빠져 있다. 아무튼 주희의 해석은 통치나 정치보다는 수신의 윤리학에 치우쳐 있었음을 의미한다.

거듭 말했듯이 『대학』은 통치술 또는 정치학을 다루고 있다. 군주가 통치를 하고 관리들이 정치를 하려고 한다면 먼저 뿌리가 되고 바탕이 되는 수신부터 하라는 것은 분명하다. 그러나 결코 여기에서 그치지 않는다는 점도 놓치지 말아야 한다. 그렇다면, 두터워야 할 것과 얄팍하게 해도 될 것은 각각 무엇을 이르는가? 이는 주체에 따라, 대상에 따라, 상황이나 추세에 따라 얼마든지 달라질 수 있어서 특정(特定)할 수 없다.

『논어』「위령공(衛靈公)」편에서 공자는 "제 몸을 스스로 두터이 하고 남을 엷게 꾸짖는다면, 남들의 응등그러진 마음이 멀어진다"(躬自厚, 而薄責於人, 則遠怨矣)고 말한 바 있다. 이는 많은 사람들이 쉽게 놓치지만 배움의 길에 있는 사람이나 덕을 쌓으려는 사람이 반드시 새겨두어야 하는 게 무엇인지를 일깨워준다. 덕을 쌓으려면 자신을 바로잡아야 하는데, 그게 결코 쉽지 않다. 남의 눈에 든 티끌은 잘 보면서 제 눈에 든 들보는 좀체 보지 못하기 때문이다. 그래서 자신을 냉철하게 돌아보고 엄격하게 다잡는 공부를 소홀히 하지 말고 두터이 하라고, 반면에 남의 허물은 너그럽게 보아주고 꾸짖을 일은 엷게 해도 된다고 한 것이다. 이것이 공자가 말한 두터이 할 일과 얄팍하게 할 일이다.

> 그만두어서는 안 되는데도 그만두는 자는 하다가 그만두지 않는 일이 없다. 두터이 해야 하는데도 얄팍하게 하는 자는 무엇에든 얄팍하게 하지 않는 일이 없다. 서둘러 나아가는 자는 물러나는 것도 빠르다. ─ 『맹자』「진심 상」

(於不可已而已者, 無所不已. 於所厚者薄, 無所不薄
也. 其進銳者, 其退速. -『孟子』「盡心 上」)

‘그만두어서는 안 되는데도 그만두는 자’는 어리석거나 모자란 자다. ‘두터이 해야 하는데도 얇게 하는 자’는 잔재주를 피우거나 게으름을 부리는 자다. ‘서둘러 나아가는 자’는 욕심이 많거나 결과에 집착하는 자다. 이 세 부류는 결국 다르지 않다. 그만두어서는 안 되는데도 그만두거나 두터이 해야 하는데도 얇게 하는 것, 그것은 모두 결과를 빨리 얻으려는 성급함에서 저지르는 허물이다. 성급하게 굴면 물러나는 것도 빠르지만, 아무리 기다려봐야 바라는 결과가 나올 일도 없다.

힘든 일은 힘들게 하고 쉬운 일은 쉽게 해야 한다. 두텁게 할 일은 두텁게 하고 얄팍하게 할 일은 얄팍하게 해야 한다. 오래도록 해야 할 일은 오래도록 해야 하고, 금방 해치워야 하는 일은 금방 해치워야 한다. 이를 위해서는 힘든 일인지 쉬운 일인지, 두텁게 할 일인지 아닌지, 오래 걸리는 일인지 금방 해낼 일인지를 먼저 알아야 한다. 결국 일의 성격이나 상황을 잘 파악해야만 분명하게 판단하고 선택해서 적절하게 처리할 수 있다. 이것이 '지본(知本)' 곧 '뿌리를 아는 것'이고 '지지지(知之至)' 곧 '앎이 지극한 것'이다.

이렇게 보면, 맹자는 곧 두터움과 얄팍함에 대해서 공자보다는 더 포괄적으로 말했고 『대학』에서 말한 것보다는 좀 더 자세하게 말했다고 할 만하지만, 여전히 일반론에 가깝다. 특히 통치나 정치에서 어떤 의미를 가지는지 말하지 않았다. 이를 위해서는 『순자』를 볼 필요가 있다.

무릇 천자처럼 귀해지고 온 천하를 가질 만큼 부유해지는 것은 사람이라면 누구나 똑같이 바란다. 그런데 사람들의 욕심을 들어준다면 형세가 이를 다 받아줄 수 없고 물건도 넉넉하지 못할 것이다. 그래서 옛 왕들은 생각 끝에 이를 위해 예의와 의리를 갖추어 알맞게 나누었으니, 귀함과 천함의 등급, 어른과 아이의 구별, 지혜로운 이와 어리석은 자, 능력 있는 자와 능력 없는 자의 구분이 있게 하여 사람들이 모두 알맞은 일을 맡아서 각자 그 마땅함을 얻게 했다. 그런 뒤에 녹봉으로 받는 곡식을 많거나 적게, 두텁거나 얄팍하게 하여 균형을 잡았다. 이것이 뭇 사람이 어우러져 살면서 하나가 되는 길이다.

그러므로 어진 이가 위에 있으면, 농사꾼은 힘을 다해 밭을 갈고 장사꾼은 잘 살펴 재물을 늘리고 공인들은 재주를 다해 기구를 만들며, 사대부로부터 제후들까지는 모두 어짊과 도타운 덕, 지혜와 능력으로 제 직분을 다하니, 이것을 '지극한 공평함'이라 한다. 따라서 어떤 이는 온 천하를 녹봉으로 받아도 스스로 많다고 여기지 않고, 어떤 이는 문지기나 객사지기, 관문지기, 야경꾼이 되어도 스스로 녹봉이 적다고 여기지 않는다. 그래서 "베어서 가지런히 하고 굽혀서 서로 좇게 하니, 같지 않으면서도 하나가 된다"고 했는데, 이것을 '세상살이의 도리'라 한다. ─『순자』「영욕」

(夫貴爲天子, 富有天下, 是人情之所同欲也. 然則從人之欲, 則埶不能容, 物不能瞻也. 故先王案爲之制禮義以分之, 使有貴賤之等, 長幼之差, 知愚能不能之分, 皆使人載其事而各得其宜. 然後使慤祿多少厚薄之稱. 是夫羣居和一之道也.

故仁人在上, 則農以力盡田, 賈以察盡財, 百工以巧盡械器, 士大夫以上至於公侯, 莫不以仁厚知能盡官職, 夫是之爲至平. 故或祿天下而不自以爲多, 或監門 · 御旅 · 抱關 · 擊柝, 而不自以爲寡. 故曰: "斬而齊, 枉而順, 不同而一," 夫是之謂人倫. ―『荀子』「榮辱」)

순자가 말한 두터움과 얄팍함은 직접적으로는 녹봉에 관한 것이다. 그러나 문맥을 찬찬히 짚어 보면, 예의와 의리를 분명히 하고 갖가지 제도를 마련하는 일에까지 이미 두터움과 얄팍함이 중요한 전제가 되어 있음을 알아챌 수 있다. 신분의 등급에서 비롯된 존귀(尊貴), 어른과 아이의 구별인 장유(長幼), 지혜와 어리석음이나 유능과 무능에 따른 지위의 고하(高下) 따위는 모두 두터움과 얄팍함을 특수하게 또는 구체적으로 표현한 것들이다. 이런 존귀나 장유, 고하 따위로 말미암아 맡아서 하는 일에 구별이 생기는 것 또는 생기도록 하는 것, 나아가 맡은 일에 따라 녹봉에 차이가 나는 것까지가 곧 예의고 의리다. 여기에 '부동이일(不同而一)' 곧 '같지 않으면서도 하나가 되는' 길이 있다.

결국 다양성과 통일성, 차이와 조화 따위에 대

한 합리적이고 균형 잡힌 감각을 통치자나 정치가에게 요구하는 셈인데, 바로 이것이 순자 정치론에 숨겨진 주요한 부분이다. 물론 오늘날에 순자의 정치론을 문자 그대로 수용할 수는 없고 또 그래서도 안 된다. 그러나 다양한 방식으로 자신의 능력을 극대화할 수 있는 기회가 많아졌고 또 직업의 선택도 자유로운 시대라는 점을 인정한다면, 순자가 말한 녹봉의 다소(多少)나 후박(厚薄)에 담긴 의미와 가치는 여전히 중요하다. 다양성이 마땅하다면 또 다양성을 중시한다면, 그에 따른 차이 또한 마땅하다는 것도 인정해야 한다는 말로 요약할 수 있기 때문이다.

오늘날 한국 사회에서는 능력이나 실력을 공정하게 평가하는 제도가 부실하여 평가 결과에 대해 인정하거나 승복하는 이가 대체로 적으며, 능력이나 실력에 걸맞은 대우나 보상 따위가 제대로 이루어지지 않는다고 말들 한다. 이런 제도적 부실과 그릇된 풍토로 말미암아 청년들의 기상과 패기는 위축되기만 하고, 능력 있고 실력을 갖춘 인재들은 창조적 역량을 발휘할 기회를 얻지 못하고 있다. 이 사이를 비집고 나온 것이 바로 '금수저'니 '흙수저'니 하는 말들이다. 참으로 참담하기 그지없다.

이렇게 제도나 풍토에서 합리적이지 못한 면들이 적지 않은 까닭은 근본적으로 인식의 전환이 이루어지지 않고 있기 때문이다. 이 모두 두텁게 할 일과 얇게 해도 될 일의 중요성을 간과한 데서 비롯되었음을 인식하지 못하고 있다. 결국 두텁게 해야 할 일과 얇게 해도 되는 일을 소홀히 해서는 '지평(至平)' 곧 '지극한 공평함'이 실현되기 어렵다. 우리 사회에서 강조하는 '실력이 인정받는 사회, 능력에 걸맞은 대우를 받는 사회'가 되도록 하려면 두터움과 얄팍함에 대한 이해와 인식이 먼저 깊어야 하고 또 널리 퍼져야 한다. 그런 뒤에야 정치와 행정, 제도 따위에서 올바로 구현된다.

구별을 하지 않고 차이를 없애는 것이 곧 평등을 지향하는 일은 아니다. 그것은 획일(劃一)을 꾀하는 것으로, 전제(專制)를 강화할 따름이다. 참된 평등은 서로 다르다는 것, 그 다름의 가치를 서로 인정하는 데서 시작된다. 백성이라 해서 다 같기만 하지 않고, 만물이라 해서 하나로 묶이지 않는다. 같지 않으면서도 하나가 되는 것, 이것이 어울림이고 순자가 말한 '세상살이의 도리'다. 결국 두터움과 얄팍함은 사람과 사물의 관계가 획일적이지 않다는 것, 단순하게 보아 넘길 수 없다는 것, 대상이나 상황에 따라 알맞게 실현되어야 한다는 것, 이것이 유가 정치론의 한 줄기임을 알 수 있다.

한나라 문제(文帝)의 느슨한 정책들

유방은 열세를 극복하고 간신히 항우를 제압해서 한(漢) 왕조를 일으켰다. 그러나 왕조를 안정시키지 못하고 죽었다. 그를 이어 혜제(惠帝)가 즉위했으나, 혜제는 심약한 탓에 모친인 여태후의 위세에 억눌려 있다가 재위 7년 만에 세상을 떠났다. 그러자 여태후가 권력을 장악하여 유씨 황족들을 배제하고 여씨들을 중심으로 세력을 재편하려 했다. 여태후가 권력을 쥐고 실질적인 황제 노릇을 한 지 8년 만에 세상을 떠나자 그 동안 억눌려 지내던 유씨 황족들과 개국공신들이 다시 들고 일어나 여씨 일족을 축출했다. 이어 유방의 넷째 아들인 유항(劉恒, 기원전 180~157년 재위)을 황제로 추대했다. 그가 중국 역사상 명군의 한 사람으로 꼽히는 문제(文帝)다.

문제는 사마천도 매우 높이 평가했는데, 그것은 개국 초의 위태로운 상황 속에서도 각종 정책들을 적실하게 펼쳐 황실뿐만 아니라 제국도 안정시켰기 때문이다. 특히 문제는 각종 악법을 폐지하여 백성의 삶을 한층 윤택하게 했는데, 연좌제(緣坐制) 폐지는 대표적인 조치였다.

문제는 즉위하던 해 12월에 이런 조서를 내렸다.

"법이란 다스림의 원칙으로, 포악함을 막고 사람들을 착한 쪽으로 이끄는 것이다. 법을 어겨 죗값을 치렀는데도 죄 없는 부모와 처자를 함께 연좌시켜 관노로 삼으니, 짐은 결코 받아들일 수 없다. 이에 대하여 논의하라."

이에 담당 관리들이 하나같이 말했다.

"백성은 자신과 집안을 스스로 다스릴 수 없기 때문에 법으로 금하는 것입니다. 연좌시켜 구류하거나 잡아들이는 것은 마음에 기억하게 하여 감히 법을 어기지 못하게 하기 위한 것으로, 그 연원이 오래되었습니다. 그대로 두는 것이 좋을 듯합니다."

문제가 말했다.

"짐이 듣기에 법이 바르면 백성이 성실해지고, 죗값이 정당하면 백성이 따른다고 했다. 목민관이라면 그들을 착한 쪽으로 이끌어야 하거늘 이끌지도 못하고 바르지 못한 법으로 죄를 다스리니, 이는 오히려 백성에게 해를 끼치는 포악한 짓이다. 그래서야 어찌 범죄를 막을 수 있겠는가? 짐은 연좌의 좋은 점을 보지 못했으니, 그에 대해 좀 더 따져보라."

담당 관리들은 모두 이렇게 아뢰었다.

"폐하께서 베푸시는 크신 은혜와 깊은 덕을 신들이 어찌 따라갈 수 있겠습니까? 조서를 받들어 연좌와 관련된 율령들을 폐지하겠습니다."

연좌제는 범죄를 저지른 사람뿐만 아니라 그와 특정한 관계에 있는 이들까지 모두 그 죄에 대한 책임을 지게 하는 것으로, 그 부모와 처자, 형제, 심지어는 사촌과 팔촌에 이르기까지 적용했다. 실제로 모반이나 반란 따위 대역죄를 지으면 삼족(三族)에서 구족(九族)까지 멸한 일들을 역사서 곳곳에서 볼 수 있다. 진 제국의 승상이었던 이사(李斯)도 모반을 꾸몄다는 명목으로 그 자신과 아들들뿐만 아니라 삼족이 한꺼번에 죽임을 당했다.

190

하물며 백성은 어떠했겠는가?

 사실 문제는 여씨 일족들을 축출한 개국공신들이 가장 만만하게 여겨서 추대한 황제라 할 수 있다. 따라서 갑작스레 즉위한 문제로서는 조정 내에 지지 기반이 거의 없었다고 해도 과언은 아니다. 그런 상황에서는 널리 관리들과 백성의 신망을 얻는 것이 긴요한 일이었다. 연좌제 폐지에는 그러한 정치적 의도도 깔려 있었다고 보아야 한다. 그렇지만 그 정책의 의의와 가치는 결코 폄하될 수 없다.

 문제의 연좌제 폐지는 결코 형벌의 위중함을 간과한 것이 아니다. 형벌은 분명히 엄중해야 하지만, 그렇다고 해서 공명정대함을 잃어서도 안 된다. 게다가 법령이나 형벌은 국가의 안위와 백성의 삶을 위해서 존재하는 것이지, 권력자가 통치를 편하게 하기 위해서 존재하는 것이 결코 아니다. 문제는 이런 인식에서 백성의 삶을 도탑게 하려고 형법을 가볍게 했다고 할 수 있다.

 또 문제는 대(代) 땅의 왕으로 있다가 갑자기 황제가 되었다. 황제가 되리라는 생각을 해본 적이 없었기 때문에 제국을 통치할 지략이 부족했다.

이 부족함을 메우려면 당연히 조정에서 오래도록 정치를 보좌해온 신하들의 도움을 받아야 했다. 게다가 건국 초였으므로 백성의 생각과 바람을 알고 그에 따라 정책을 펴야 했다. 요컨대 신하들의 다양한 의견과 민심을 들어야 했다. 그런데 그게 쉽지 않았다. 바로 비방죄(誹謗罪)와 요언죄(妖言罪)에 관한 법률이 있었기 때문이다. 요언죄는 민심을 어지럽히려고 유언비어(流言蜚語)를 퍼뜨리는 죄를 이른다.

문제는 재위 2년째 되던 기원전 178년에 다음의 조서를 내렸다.

"옛날에 천하를 다스릴 때는 조정에 좋은 말과 비방을 올리기 위한 깃발과 나무가 있었는데, 이는 소통을 위한 통치의 방법으로 누구든 와서 바른말을 할 수 있도록 하기 위함이었다. 그러나 지금 법에 비방죄와 요언죄가 있어 여러 신하들로 하여금 그 마음을 다 드러내지 못하게 하고 황제는 자신의 잘못을 들을 기회가 없으니, 어찌 먼 곳에 있는 어질고 선량한 자들을 오게 하겠는가? 그 법령을 없애라. 백성이 혹 황제를 저주하고 말하지 않기로 서로 약속했는데, 나중에 누군가 고발

하면 관리는 대역(大逆)이라 하고 다시 다른 말을 하면 관리는 또 비방이라 한다. 이는 어리석고 무지한 백성을 죽음으로 모는 것이니, 짐은 받아들일 수 없다. 이제부터 이 죄를 범하더라도 다스리지 않도록 하라."

　과연 통치나 정치에서는 무엇이 무겁고 무엇이 가벼울까? 군주의 권력이나 체면이 무겁고, 신하의 견해나 백성의 생명은 가벼운가? 군주가 절대 권력을 쥐고 통치하던 왕정 시대에도 그게 당연했을까? 아니다. 그렇게 생각했던 군주들이 제대로 통치한 적이 거의 없고, 있더라도 늘 위태로웠다. 그렇게 보면, 문제는 무엇이 무겁고 무엇이 가벼운지, 두텁게 할 것과 가볍게 할 것은 각각 무엇인지를 참으로 잘 알고 있었던, 말하자면 통치의 뿌리를 알고 정치의 원리를 잘 파악하고 있었던 군주임이 분명하다. 그러했기에 백성을 교화할 수 있었고 제국을 부유하게 만들 수 있었으며 흉노의 지속적인 위협에도 제국을 안정시킬 수 있었으리라. 이런 문제의 통치술 내지는 정치학은 다음 『관자』의 글에 아주 잘 정리되어 있다.

이른바 옛날의 현명한 군주는 한 가지가 아니었다. 상을 마련해서는 엷게 주기도 하고 두텁게 주기도 하며, 금령을 세워서는 가볍게 하기도 하고 무겁게 하기도 하니, 실행한 일이 반드시 같지는 않았다. 다만 서로 반대되지 않았고, 모두 때에 따라 다르게 했으며 풍속을 좇아서 움직였을 뿐이다.

무릇 백성이 조급하고 치우쳐 행동하면 상을 두터이 하지 않을 수 없고 금령을 무겁게 하지 않을 수 없었다. 그래서 성인이 두터운 상을 마련한 것은 사치가 아니고, 무거운 금령을 세운 것은 포악이 아니다. 상이 엷으면 백성이 이롭게 여기지 않고, 금령이 가벼우면 사악한 자가 두려워하지 않는다. 사람들이 이롭게 여기지 않는 것으로써 부리려 하면 백성은 있는 힘을 다하지 않고, 사람들이 두려워하지 않는 것으로써 금지하려 하면 사악한 자는 그치지 않는다. 이 때문에 법률을 세우고 명령을 내려도 백성이 따르지 않는다. 따라서 상으로써 힘쓰게 하지 못하면 사인들과 백성을 부릴 수 없고, 형벌로써 두렵게 하지 못하면 포악한 자가 금령을 가볍게 어긴다.

백성은 위엄에 굴복한 뒤에야 따르고, 이익을 본 뒤에야 힘쓰며, 다스림을 받은 뒤에야 바르게 되고, 편안한 곳을 얻은 뒤에야 차분해진다. 저 도적을 누르지 못하고, 사악한 짓이 그치지 않으며, 강자가 약자를 위협하고, 다수가 소수를 사납게 대하는 것, 이것이 천하의 걱정거리고 온 백성의 근심거리다. 걱정거리와 근심거리를 없애지 않으면 백성은 편안히 살지 못하고, 백성이 편안히 살지 못하면 백성은 군주에게 희망을 갖지 않는다.

─『관자』「정세」

(故古之所謂明君者, 非一君也. 其設賞, 有薄有厚; 其立禁, 有輕有重, 迹行不必同. 非故相反也, 皆隨時而變, 因俗而動.

夫民躁而行僻, 則賞不可以不厚, 禁不可以不重. 故聖人設厚賞, 非侈也; 立重禁, 非戾也. 賞薄則民不利, 禁輕則邪人不畏. 設人之所不利, 欲以使, 則民不盡力; 立人之所不畏, 欲以禁, 則邪人不止. 是故陳法出令而民不從. 故賞不足勸, 則士民不爲用; 刑罰不足畏, 則暴人輕犯禁.

民者, 服于威殺然后從, 見利然后用, 被治然后正, 得所安然后靜者也. 夫盜賊不勝, 邪亂不止, 强劫

弱, 衆暴寡, 此天下之所憂, 萬民之所患也. 憂患不
除, 則民不安其居; 民不安其居, 則民望絶于上矣.
　　　　　　　　　　　　　　　　－『管子』「正世」)

　'정세(正世)'는 세상을 바르게 한다는 뜻이다. 이
를 위해서는 시세나 추세에 따라 알맞게 해야 한
다. 이것이 "때에 따라 다르게 했다"는 '수시이변
(隨時而變)'이다. 또 온갖 사사로운 마음이 일어나
서로 다투므로 세상이 어지럽다. 이를 바로 잡는
것이 곧 "풍속을 좇아서 움직인다"는 '인속이동(因
俗而動)'이다. 이렇게 시세나 풍속을 잘 살펴서 때
맞게 변화를 주어 알맞게 하는 것이 정치에서 말
하는 '앎의 지극함'이다.